小売ビジネス

消費者から業界関係者まで楽しく読める小売の教養

中井彰人　　中川 朗
Akihito Nakai　Akira Nakagawa

All About THE RETAIL BUSINESS

CROSSMEDIA PUBLISHING

図　小売業売上高ランキング 2000年と2024年の現状

NO.	企業名	売上高（億円）	業種	2024年の現状
1	イトーヨーカ堂	86,042	総合スーパー	セブン&アイHD⇒ファンド主導で再建へ セブン&アイにはカナダ社買収提案が
2	ダイエー	66,444	総合スーパー	経営破綻　イオン傘下に
3	ジャスコ	22,905	総合スーパー	現イオン　流通最大手グループに
4	マイカル	17,444	総合スーパー	経営破綻　イオン傘下に
5	高島屋	16,115	百貨店	現在の百貨店2位
6	ユニー	13,289	総合スーパー	PPIH（ドン・キホーテ運営会社）傘下に
7	西友	11,192	総合スーパー	親会社経営破綻⇒ウォルマート ⇒KKR（ファンド）⇒売却へ
8	三越	9,191	百貨店	伊勢丹と統合　三越伊勢丹（業界1位）
9	大丸	8,973	百貨店	松坂屋と統合 現Jフロントリテイリング（業界3位）
10	伊勢丹	8,876	百貨店	三越と統合　三越伊勢丹
11	西武百貨店	8,103	百貨店	西武グループ経営破綻 ⇒セブン&アイ⇒KKR（ファンド）
12	マルイ	7,443	百貨店	
13	コジマ	7,336	家電量販店	ビックカメラ傘下へ
14	東急百貨店	7,302	百貨店	百貨店旗艦店をすべて閉鎖 複合商業施設運営へ移行中
15	ヤマダ電機	7,147	家電量販店	家電量販店トップながら 一時2兆円企業⇒1.6兆円

各社IR資料等より筆者作成

はじめに
2000年の小売トップ企業は2024年にどうなっているのか？

最初に2000年の小売業売上ランキングを見ていただきます。この四半世紀を経て、当時の小売上位企業の大半が、経営につまずき、他社の傘下に入ったり、経営統合することで生き延びてきた、ということが示されています。小売業の流行り廃りが非常に激しく、大手企業といえどもそんなに長持ちしない、ということですが、それは小売業の最適型が、取り巻く社会環境の変化に応じてどんどん変わっていくからです。

消費者の生活スタイルは、時代の産業構造や技術革新の進展によって、これまでも大きく変化し、求められる小売業のかたちも変わってきました。明治以降、整備された鉄道網によって、駅ターミナルに人流が集まるようになって、駅前百貨店が生まれました。高度成長以降からバブル期を経て、自動車が普及するようになると、ロードサイドにスーパーやショッピングセンターが生まれて、専門店チェーンも多数発祥して急速に成長していきました。そして、インターネット、スマホといったデジタル機器が普及すれば、ＥＣ（ｅコマース）が急拡大、リアル店舗にとって代わろうとしています。こうした経緯を踏まえると、小売の未来は、技術革新、実装の行方を見れば、向かう方向の「兆し」をつかむことができるはずなのです。

しかし、変わらないものもあります。それは、消費者の無限の欲望であり、その時、可能な最大の利便性を求める姿なのです。こうした消費者の欲望は、いまも昔も変わりはなく、小売の歴史的事実を把握することで、本質に近づくことが可能になるのです。例えば、ＤＸが進んで消費者の生活が、ほぼデジタルデータで記録されるようになれば、何ができるのか？ 収集したビッグデータと目覚ましい進化をとげたＡＩが、マーケティングに実装されたら何が見えてくるのか？ ＩＴによってデジタル化された商流と、結局ひとが運ばなければならないモノの配送のギャップをロボティクスが解決出来るのはいつごろなのか？……といったテーマは、技術革新の現在地を知ることで、答えが見えてくるのです。

消費者の利便性に対する欲望を理解しつつ、近い将来、技術革新が実現できる利便性を掛け合わせることで、小売の未来を妄想しよう、というのが本稿の趣旨であります。

この本の前半第1章～第4章でリアル店舗小売を中心に過去の経緯を中井が担当、後半第5章～第8章でEC、DXと小売の現況、及び第9章の未来予想図を、みずほ銀行産業調査部で机を並べた中川朗氏にお願いしました。10年以上前から同氏とディスカッションし続けてきた小売の未来妄想図をついに書籍化することができました。

楽しんでお読みいただけたら幸いですし、ぜひ、皆様の読後のご感想をお聞かせいただきたいです。

中井彰人

第1章　近現代史から学ぶ日本市場のガラパゴスな世界

Chapter 1 : Galapagosization of the Market

第2章 チェーンストアから学ぶ 小売の栄枯盛衰の世界

Chapter 2 : The Rise and Fall of Retail Business

第3章 食品ディスカウンターに学ぶ 覇権争いの世界

Chapter 3 : the Struggle for Supremacy

第4章 変化対応力から学ぶ小売専門店の世界

Chapter 4 : Specialty Stores

第5章 ネットスーパーから学ぶECの世界

Chapter 5：Electronic Commerce

第6章 インバウンド需要から学ぶアウトバウンドビジネスの世界

Chapter 6 : Outbound Business

第7章 メーカーと問屋から学ぶ物流システムの世界

Chapter 7 : Logistics Systems

第8章 データから学ぶ小売DXの世界

Chapter 8 : Retail Digital Transformation

第9章 最新テクノロジーから学ぶ未来の小売世界

Chapter 9 : The Future of Retail Business

カバーイラスト
生田目和剛
カバーデザイン
金澤 浩二

第1章

近現代史から学ぶ日本市場のガラパゴスな世界

Chapter 1 :
Learning from Japanese History:
Galapagosization of the Market

ALL ABOUT THE RETAIL BUSINESS

1

日本型食品スーパーを生んだ魚食文化

スーパーの食品売場に行くと、レイアウトには定番があって、左側から入口を入ると、生鮮品の売場が建物の壁づたいに、青果、鮮魚、精肉の順で並んでいて、ぐるっと回った右側に惣菜売場、というパターンが多いのではないかと思います。そして、売場の中央部にチルド商品や飲料、一般食品各種（いわゆる工場で生産された加工食品）が集められている、というのが一般的なイメージでしょうか。実は、こうした売場のレイアウトは、日本型スーパーという独特の仕組みが背景となっています。生鮮品がなぜ壁に沿ってあるのか、というと壁の向こう側に、生鮮品を小分けにしたり、パック詰めする（流通加工といいます）ための作業場が設置されているからです。売場の壁がガラス張りになっていて、その向こうで店のスタッフが作業している姿が見えるので、言われてみれば、と思い出される方も多いのではないでしょうか。

本来のスーパーの仕組み（チェーンストア理論といいます）では、こうした流通加工の作業工程は、物流センターや加工センターといった専用の施設で、複数店舗のパック詰めなどを一括で処理して、各店舗に配送するというのが効率的です。しかし、日本のスーパーでは各店舗で作業する方式がスタンダードとなっています。これは50年ほど前に、兵庫県の関西スーパー（現Ｈ２Ｏリテイリング・グループの関西フードマーケット）が生み出した「インストア加工」という手法が、全国のスーパーのスタンダードとなったことによります。

関西スーパーは、当時の日本の消費者が生鮮品の鮮度に敏感であることに注目し、店舗で切り分けることで鮮度劣化を防ぎ、また、それを売場の壁面をガラス張りにして、今パック詰めしているという様子を見せることで、消費者に鮮度を視覚的にもアピールしたのです。この手法は阪神間の消費者に大いに支持され、関西スーパーは一躍、繁盛スーパーとして全国的に有名になりました。そして、ここからが凄いのですが、関西スーパーはこのノウハウを、教えを乞う全国各地の同業に無償で伝授するという驚くべき行動に出ました。その結果、このインストア加工は、全国のスーパーに拡散し、やがて日本型スーパーといわれるデファクトスタンダードとなったのです。

日本の消費者が鮮度にうるさい、ということは今でも言われることですが、その背景は一説では、当時、世界一魚を食べる消費者であったから、と言われています。ご存知の通り、魚は鮮度劣化が早いため、消費者は鮮度に対するチェックが厳しく、その感覚で野菜や肉類もチェックしていました。また、日本の都市部は、人口が密集していて、店舗までの距離が短いこともあり、スーパーを「冷蔵庫代わり」にして毎日買物に行く、という習慣もありました。こうした背景もあって、スーパー業界では、鮮度を優先するインストア加工を基本とした日本型スーパーが標準となりました。

日本型食品スーパーは、インストア加工を採用して鮮度を優先したため、効率性は不十分な仕組みとなりました。その結果、日本のスーパー業界では規模の利益が十分働かず、欧米のような大手小売業による寡占化が進みませんでした。地域毎に地元のスーパーが頑張っていて、地域食文化を支えている、という状況は、日本ならではのものなのです。しかし、こうした労働集約的な店舗運営は、デフレが長く続いた平成の時代には温存されてきましたが、インフレ環境に転換した今、高騰する人件費や人手不足で採算が合わなくなりつつあります。日本型食品スーパーも生産性向上に向けた変革を迫られるようになっているのです。

ALL ABOUT THE RETAIL BUSINESS

2 そうは問屋が卸さない

「そうは問屋が卸さない」という言葉、そう簡単には思う通りにはならない、という意味で使われる慣用句ですが、江戸時代に、問屋が納得しなければ商品を仕入れることができず、商売もできないくらい大きな力を持っていた、ということから生まれた、と言います。そんな問屋は、現代日本の流通においても大きな存在感を持っています。卸売販売額を小売販売額で割った値をW/R比率といい、数値が大きいほど卸売の存在感が大きいことを示す指標とされていますが、日本は海外と比較してもかなり大きいことが知られています。製造業者と小売業者の間に多段階の問屋を経由する、複雑な流通経路になっているため、かつては海外から日本市場参入の非関税障壁であると指摘されていたほどです。

江戸時代、日本では、海運を使って、各地の米や産品を大阪に集め、大消費地江戸へ送るという国内商品流通の仕組みが確立されていました。そのため、日本独特の卸売業者としての問屋という仕組みが完成しており、明治以降もその流れを汲んだ卸売業が商品流通の中間機能を担うようになっていきました。様々なジャンルやエリアの問屋で構成された問屋ネットワークがあることで、生産者と小売店は商品情報や物流という中間流通機能を利用することができたのです。これにより、各地の中小零細業者の商品を集めて、消費地の中小零細小売業者にも商品を届けることが可能でした。戦後の高度成長期になると、日本でもチェーンストアが各地で勃興するのですが、黎明期のチェーンストア≒スーパーマーケットは、各地の小売店から発祥しているため、問屋ネットワークの中間流通機能をそのまま利用しながら規模拡大を進めたので、スーパーと問屋は一体で大きくなっていきました。その結果、日本では大手小売業といえども、問屋との共存関係を維持しており、寡占化が流通段階の短絡化には直結しませんでした。

こうした独特の流通構造を完成させた日本の流通業界は、国内各地の多様な中小メーカーが生き残ることが可能な環境でもありました。海外においては小売とメーカーは直接取引が基本であり、効率上、取引先メーカーの数も限られることから、メーカーの数が圧倒的に少ないようです。問屋が機能している日本では、消費者にとっては多様なメーカーの商品の選択肢がある、というメリットがあるのです。とくに食品に関しては、かつて旧藩時代に培われた地域毎の多彩な食文化があること、また、和洋中＋エスニックと世界中の食文化が浸透する日本の食卓への対応も多様なメーカーの存在が必要とされている、と言われています。

　こうした独特の多層構造の流通システムは、チェーンストアの本家である欧米から見ると、後進的で非効率だとしか見えないでしょう。また、確かに生産性から考えると欧米型システムの方が効率的だ、というのも事実なのでしょう。ただ、欧米とは異なる日本の消費者ニーズに適合させると、日本型流通構造になる、という面もあるのではないでしょうか。２０００年代には金融危機の後、小売業界にも大再編時代がありましたが、その際、グローバル小売大手カルフールやウォルマートが日本進出を試みましたが、結果的には事実上撤退しています。これは、グローバル大手が日本小売に負けた、ということではなく。日本の消費者が求める売場作り、品揃え等に応えるためには、グローバルスタンダードと異なるローカライズが必要だということが判明したため、非効率であるとして日本市場を捨てた、と考えています。いい悪いではなく、日本の小売市場は、やはり「ガラパゴス」ではあるのでしょう。

ALL ABOUT THE RETAIL BUSINESS

3 レールサイド、ロードサイド二重構造の国

買物に行こうとして家から出る時、あなたが手に取るのは交通系ＩＣカードでしょうか、それともクルマのキーでしょうか。これは住んでいる地域によって異なっていて、首都圏、京阪神地域に暮らしている方は交通系ＩＣカードが多く、それ以外にお住いの方はクルマのキーである可能性が高くなるのではないかと思います。それは、モータリゼーションが公共交通の利便性が低かった地方で浸透し、公共交通網が充実した首都圏、京阪神では一定レベルしか進まなかったことが背景になっています。そして、その動線の違いは、買物に際しての移動手段の違いとなっていますので、小売店舗の立地や構造にも大きな違いが生まれました。首都圏（東京圏大都市圏）の人口は約４４００万人、京阪神（近畿大都市圏）約１９００万人とされ、日本の人口の半分を占めます。要は、クルマで買物（ロードサイド型）に行く人、公共交通で行く人（レールサイド型）に、この国は2分され

ているということであり、小売業は概ねどちらかに適合したビジネスモデルを選択しています。レールサイドなら駅に近い方が出店するのに有利ですが、ロードサイドなら駅ではなく交通量の多い幹線道路沿いが有利といったイメージです。

そもそもモータリゼーションが普及するまでは、日本全国どこでも、移動手段は公共交通を基本としていました。１９８０年代に急速にクルマが普及すると、地方では便利なクルマを利用する人が増え、公共交通が衰退するようになりました。地方では女性ドライバーが増えていくに伴い、２０００年代以降、軽自動車というセカンドカーが急速に普及し、今では大人１人に１台クルマを持っているという時代になりました。ところが、大都市の公共交通は、私鉄が地下鉄と相互乗り入れを実施するなど、昔よりもさらに充実したことで、コストのかかるクルマの保有率は頭打ちとなり、持っていたとしても、クルマでの移動は休日など限定的な利用に留まっています。その結果、大都市の商業中心地は駅周辺から変化しませんでしたが、地方では公共交通の中心であった駅やバスターミナル周辺が、ハブ機能を失って人が来ないようになり、かつて中心市街地といわれた繁華街の衰退は決定的になったのです。

地方経済が衰退しているというイメージを表わす絵として、シャッター街となった商店街や閉店してそのまま放置されている地方百貨店の映像などを目にすることが多いと思います。しかし、地方の人口も経済規模も、駅前の人通りほど縮小してはいません。地方の駅前には人はいませんが、幹線道路沿いにある大型ショッピングモールには大勢の人がいますし、休日には渋滞が発生しています。モータリゼーションによって、ロードサイドが商業立地の適地となったのであり、人のいる場所が変わったということなのです。ただ、これにより地方の小売業のビジネスモデルは大きく変化しました。

ロードサイドは、空地がたくさんあり、地代も安いので、広い駐車場、広大な敷地のゆったりした低層型店舗が地方に数多く誕生しました。なによりも、クルマという機動力をもった消費者の移動可能面積が何十倍にも増えたことで、それまで以上に選択肢が広がり、ロードサイド小売業の競争が激化、その中を勝ち抜いた強力な専門店チェーンが現在の大手専門店チェーンに成長しました。片や、レールサイドは、出店余地に乏しく、新規参入も多くはないため、競争面では緩やかであり、老朽化した総合スーパーなども最近まで残っていました。その結果、ロードサイドを勝ち抜いた地方発チェーンが、レールサイドを攻略しているというのが小売業界の基本構造なのです。

ALL ABOUT THE RETAIL BUSINESS

4

小林一三がつくった鉄道系商業ビジネス

世界で最も人口が多い大都市圏（大都市とその影響下にある地域）が、いまだに東京都市圏（※首都圏1都3県）であることをご存知でしょうか。国連統計データ2024年によるランキングは、1位東京都市圏（3711万人）、2位デリー（インド　3380万人）、3位上海（2987万人）、以下、4位ダッカ、5位サンパウロ、と続き、11位には近畿大都市圏（※京阪神1896万人）も入っています。日本が、いかに大都市集中居住の国かを示すデータであり、その結果、小売市場が地域的に偏在しているという、この国の特殊性の表れでもあります。

この日本の2大都市圏内の人の動きをつないでいるのが、世界屈指といわれる稠密な公共交通網です。東京の中心である山手線環状の内側には、地下鉄が張り巡らされ、そこから放射線状の鉄道路線が郊外に向かって伸びています。この鉄道網が高い頻度で、都市圏周辺部との行き来を支えているため、東京はその都市圏を世界一の規模に拡張することができたのです。このような公共交通網を基盤とした地域では、人の動線は多層なハブ&スポーク構造となります。都市圏全体のハブは新宿、渋谷、池袋、東京駅などの巨大ターミナル、そこから放射状鉄道が乗り換え拠点である横浜、北千住、大宮などの地域ターミナルを結んでいます。そして各鉄道駅が街のハブとして、住宅地に向けて放射状スポーク（バス路線）が出ていく構造、といったイメージでしょうか。こうした動線においては、人は必ずハブを通って移動するため、ハブには乗降客数に応じて商業立地が形作られます。つまり、世界一の巨大都市圏である東京の巨大ターミナルは、世界有数の優良な商業立地であり、インバウンド訪日客にも有名な渋谷スクランブル交差点のあの風景は、こうした日本の交通構造の象徴であり、だからこそ日本の風景として映えるのです。

東京の主な駅には、鉄道会社グループが運営する商業施設が設置されています。沿線住民に対して商業機能を提供することは鉄道会社の事業の柱のひとつとなっており、ターミナルには百貨店や駅ビルを、住宅地の駅にはスーパーを併設している、というのが定番かもしれません。鉄道会社が沿線住民向けの小売事業を運営し、有力な小売事業者に名を連ねているというのもこの国特有のビジネスモデルかもしれません。こうした鉄道系商業ビジネスを創り出したのが、阪急電鉄の創業者、小林一三であると言われています。

小林は、１９１０年に箕面有馬電気軌道（現 阪急宝塚線・箕面線）を創立すると、空気の悪い大阪に住むのではなく、郊外に住んで大阪で仕事をする、という生活スタイルを提案し、池田市など沿線郊外に住宅開発を行いました。また、並行して阪急電車のデスティネーションとして宝塚歌劇団を創設したことはご存知の話かもしれません。そして１９２９年になると、終点である大阪梅田に阪急百貨店を開業し、大成功させたのです。こうして沿線開発、小売事業、テーマパーク事業、映画事業（東宝）を並行して運営することでシナジーを生み出し、総合的に沿線価値を高める、というビジネスモデルを成立させました。このモデルは、全国の私鉄経営のモデルとなりました。東急、小田急、京王、西武、東武、近鉄、阪神、名鉄という冠の鉄道系百貨店はこうして生まれたのです。また、西友、東急ストア、東武ストア、近商ストアなどの鉄道会社を祖としたスーパーも後に誕生しました。そして戦後、高度成長による大都市への急激な人口集中を経て、大都市レールサイドのおける鉄道系商業ビジネスは、国内小売市場に確固たる存在感を築きました。日本に住む人には違和感のない鉄道系小売ビジネスですが、これも日本独特のものなのです。

ALL ABOUT THE RETAIL BUSINESS

5

日本型コンビニを生んだ密集居住

コンビニエンスストアといえば、2024年9月頃、あの世界最大のコンビニ企業セブン&アイ・ホールディングスが、米国で2位のアリマンタション・クシュタール（ACT社）から買収提案を受けたということで、大きな話題になりました。その顛末はさておき、この両社はコンビニという同業として語られているのですが、そのビジネスモデルが180度違う、ということをご存知でしょうか。コンビニという業態は米国発祥であり、セブン-イレブンも元々は米国企業であったのですが、かつて、イトーヨーカ堂によって日本に導入された後は、日本独自の小売業として進化して成長し、その後、イトーヨーカ堂がブランドごと買い取ることになりました。

ACT社を始め、米国の本家コンビニは、約8割がガソリンスタンドに併設されていて、その売上の6割はガソリンが占めているのです。ざっくり言えば、次の補給地まで何時間かかるかわからない砂漠のオアシスのような場所で、食料と燃料を供給しているハイウエイの売店、だと思っていいでしょう。こうした選択肢のない状態で独占的な商売が可能な立地は、閉鎖商圏と呼ばれますが、言い値で売ることができるため、収益性も高い、「売り手に都合がいい商売」だと言えるでしょう。

片や、ご存知、日本のコンビニはどうでしょうか。既述の通り、世界有数の密集居住国である東京、大阪の大都市圏から始まった日本のコンビニ。数百メートルおきに店舗を出店するドミナント戦略という密集店舗網で顧客に近づきつつ、商品やサービスの充実によって自社を選んでもらうというチェーンです。セブン‐イレブンのキャッチフレーズが「近くて便利」というのはダテではなく、近くにあること、商品、サービスの質（≒便利）が高い、ことによって競合に勝つ、という戦略の宣言なのです。日米のコンビニの外観はよく似ていますが、そのビジネスモデルは真逆だといっても過言ではありません。

日本でも閉鎖商圏ビジネスは存在していて、ＪＲ東日本グループが展開しているエキナカコンビニ、ＮｅｗＤａｙｓは、駅構内という閉鎖商圏で選択肢のない乗客を相手としたコンビニを運営しています。その平均日販（一日あたりの店舗平均売上）は、大手３社のトップに常に君臨してきたセブン‐イレブンさえも上回ります。しかし、その出店可能場所は一定以上の乗降客数のある駅に限られているため、その売上規模は全国展開している大手3社とは比較にもなりません。また、高速道路のサービスエリアも閉鎖商圏の一種ですが、十数キロ置きに立ち寄り場所が整備されている日本の高速道路では、米国のハイウエイのような危機感はありません。人口密集地かつ交通網も充実している日本では、閉鎖商圏は限られた場所にしか存在しないのです。

こうして日本独自のスタイルに進化したコンビニは、大手3社が、商品、サービスの熾烈な競争を続ける中で、その「コンビニエンス」を磨いてきました。最近ではインバウンド訪日客の間でも、この日本型コンビニの利便性、品質の高さは評判になっており、「自国にも出店してほしい」という高い評価を受けています。ただ、なぜ海外にそんなにはないのか、と言えば、日本型コンビニ密集店舗網が立地できる大都市圏は、世界の中でも限られた場所にしかなく、世界の大半は米国本家型のほうが向いている立地だから、と言うことになるでしょう。また、商品開発、サービス改善に継続的な投資を要する日本型コンビニは、生産性という面では、手を掛けずに売れる米国型には敵わないのです。世界中から評価されている日本のコンビニも、株主資本主義から見れば、非効率ビジネスにしかみえないかもしれません。

ALL ABOUT THE RETAIL BUSINESS

6

世界初！人口減少高齢化時代のチェーンストア

現在の主要な小売業のほとんどが、多店舗展開するチェーンストアであり、小売業を語るといえば、主役はほぼチェーンストアということになります。米国で生まれたこの仕組みは、日本では１９６０年代頃から高度成長期を背景に、スーパーマーケットという形で急速に全国に拡がりました。標準化された売場を、マニュアルに基づいて運営することで、運営コストを極小化し、店舗数を増やすことで規模の利益を享受できるチェーンストアは、市場が拡大局面にある、もしくは、成長余地のある市場において、事業拡大していくためには、極めて有効な手法でした。また、事業基盤の弱い中小零細個人店が大半だった時代は、生産性で優れたなチェーンストアは、破竹の勢いでシェアを伸ばすことができたようです。

しかし、人口減少高齢化時代に突入した日本では、小売市場規模は地方から伸び悩むようになっています。市場が拡大傾向にある環境では、店舗売上は、出店した後も少しずつ売上を伸ばしていくことも可能でしたが、今ではチェーンストア同士の戦いとなっていることもあって、既存店売上を増やしていくことは簡単ではありません。さらに言えば、既存店で伸ばすことが難しいからこそ、新規出店で補おうと考えるライバルもおり、新規参入も続いています。店舗の売上は、出店して翌年にピークとなり、以降は減収を覚悟せねばならない、ということです。

右肩上がりが前提だった時代は、小売業の一般的な成長戦略とは、いかに店舗あたりの売上を大きくするか、という競争が常識でした。商圏の一番店となり、地域のトップシェアを確保するためには、なるべく大きな店舗を作り、多くの来店客を集めるための売場作りをすることが普通だったのです。しかし、右肩下がりを前提とする場合、一番店になることも大事ですが、小さい売上でも存続できる収益構造を備えた店舗＝損益分岐点売上の低い店舗を展開することのほうが重要になってきています。

例えば、A社の標準損益分岐点売上が9億円の店が売上10億円で営業していたとしましょう。市場が1割縮小した場合、その収支はギリギリとなり、さらに2割減となれば赤字となり、その状態が続くとなれば、撤退することになるのでしょう。しかし、ライバル企業B社が、店舗損益分岐点が3億円の店舗タイプを開発していた場合、A社が撤退した8億円商圏に2店舗出店して、4億ずつで商圏を分割して存続していくことが十分可能です。売上が小さくても生き残ることができる店舗タイプを持っている企業のほうが、縮小した後の市場で生き残る可能性が明らかに高くなるのです。

人口減少高齢化は少子化が要因なのですが、そんな中でベビー用品というかなり前から、縮小し続けている市場で、29期連続増収を達成し、売上高1771億円にまで成長した企業もあります。西松屋チェーンです。西松屋の店は、いつもすいていてガラガラなのに、収益を確保していることで有名です。店舗あたりの損益分岐点売上は1・2～1・3億円程と考えられていますが、コンビニエンスストアの平均売上が2億円程度ですから、売場の広さの割にはかなり少ない売上といっていいでしょう。同じくベビー用品チェーン大手、赤ちゃん本舗は、ショッピングモール内に出店するため、店舗あたりの売上も大きく、店舗あたり損益分岐点売上は6億円を上回ると推計されるのですが、その企業業績は長年伸び悩んでいるのです。これは、小さい商圏でも出店できる西松屋が、赤ちゃん本舗を出店余地で圧倒したからだ、と考えています。西松屋は、損益分岐点が低いチェーンほど市場規模縮小に耐性があることのわかりやすい事例だといえるでしょう。

ALL ABOUT THE RETAIL BUSINESS COLUMN

日本の大手小売は多彩な地方出身集団

専門店チェーンは、地方ロードサイドで大きくなった企業がほとんどであることは、この表を見てもらうのが早いと思います。食品スーパー、ドラッグストア、ホームセンター、家電量販店などなど、様々な大手専門店チェーンの業態の上位企業を並べて、その出身地を記載してみましたが、ご覧の通り、地方出身企業がほとんどです。地方ロードサイドはそれまではただの道路わきの田畑や空き地だったのですが、クルマの交通量が増えてくるにつれて、店舗の出店場所としての利用価値が生まれました。それまで、商業の適地とされていた中心市街地より出店コストが安く、空地も選び放題なので、当時はまだ駆け出しだった若い専門店チェーン各社にとっては、格好のフロンティアとなりました。

ロードサイドで店舗数を増やして、道路沿いに隣町へ、隣県へ、隣り合う地方へと出店エリアを拡大していくうちに、勝ち抜く企業が生まれ、全国展開する専門店チェーンへと成長する者が現れます。表の大手専門店チェーンがまさにそうした銘柄ということになります。表のチェーンのほとんどが、２０００年代初頭には地方にしかない中堅中小チェーンでしたが、20数年で小売業界を代表する企業に成長しました。その意味で、ロードサイドは専門店チェーンをはぐくんだホームグラウンドといえるのです。

図　主な専門店チェーンの出身地

業態	企業名	出身地
食品スーパー	ライフコーポレーション	大阪
	バローHD	岐阜
	フジ	愛媛、広島
ドラッグストア	ウエルシアHD	埼玉など
	ツルハHD	北海道
	コスモス薬品	宮崎
ホームセンター	カインズ	群馬
	DCM HD	北海道、愛知、愛媛
	コーナン	大阪
家電量販店	ヤマダHD	群馬
	ビックカメラ（ビックカメラ、コジマ）	東京、栃木
	エディオン	愛知、広島
ディスカウントストア	パン・パシフィック・インターナショナルHD（ドン・キホーテ、長崎屋など）	東京
	トライアルHD	福岡
	神戸物産（業務スーパー）	兵庫
衣料品、家具雑貨その他	ファーストリテイリング（ユニクロ、GU）	山口
	しまむら	埼玉（小川町）
	ニトリHD	北海道
	大創産業（DAISO ほか）	広島
	セリア	岐阜

各種資料より著者作成

第2章

チェーンストアから学ぶ
小売の栄枯盛衰の世界

Chapter 2 :
Learning from Chain Stores:
The Rise and Fall of Retail Business

ALL ABOUT THE RETAIL BUSINESS

1

商店街の時代と高度成長時代のセルフ・サービス

1958年に、日本セルフ・サービス協会（現全国スーパーマーケット協会）がスーパーマーケットの定義を「単独経営のもとに、セルフ・サービス方式を採用している総合食料品小売店で、年商1億円以上のものをいう」と定めたとされていますが、その頃まで、日本にはスーパーという業種が存在していなかった、ということでもあります。スーパーができるまでは、日々の買い物場所は街の商店街が担っていました。商店街は、商品ジャンル専門の個人商店の集積なので、プロの接客と売場作りに長けた商売人の店が揃っていますが、店ごとに会計をせねばならない煩わしさがあり、また商店ごとに管理コストがかかるので、価格もそれなり、でありました。

米国のスーパーに倣って生まれたスーパーは、セルフ・サービス化によって、人件費コストを削減することで、低価格を実現し、薄利多売することで利益を確保するという手法でした。さらには、接客という熟練が必要なノウハウを省いたことで、仕事をマニュアル化して、慣れていない人でもすぐに働ける運営が可能になりました。これによりスーパーは店舗数を急速に増やすことが可能になり、多店舗展開することで、さらに規模の利益を追求することが可能になったのです。こうした多店舗展開するための仕組みは、米国で確立されていたチェーンストア理論が導入され、このロジックを導入することで組織的なスーパー企業が日本でも成立するのです。この理論の基本は、仕事のマニュアル化、店舗の標準化、作業の集中化です。

店舗の標準化とは、どの店舗も同じ広さ、同じ売場作りにすることで、店舗作業を共通のマニュアルで運営できるようになり、店舗ごとにあれこれ考える手間がなくなります。また、作業の集中化とは、どの店舗でも共通で必要な作業を専用の作業場を設置して、集中処理することで、効率性が向上します。例えば、物流がそうですが、商品が仕入先から店舗に直接届けられると、その検品、小分け作業を行う人員が店舗毎に必要ですが、物流センターで専門スタッフが取引先との受渡を行います。そして、本支店間の移動を店舗に合わせた形で小分けした商品を届けると、店舗で行う作業は大幅に軽減されます。このように作業の単純化、専門化により、誰でもすぐに仕事ができる仕組みを整えることで、労働量と人件費を極小化が可能になりました。このコスト低減効果が、個人商店には追随不可能な低価格を実現させました。

当初、全国各地に大量に生まれたスーパーは、玉石混交で経営能力の乏しい事業者も多かったため、経営に失敗することも多く、「スーっと出て、パーっと消える」などと揶揄された時期もあったようです。しかし、しっかりチェーンストア理論を実現する企業は、生き残って各地で根を下ろし、今の大手企業につながる流れもこの時期に生まれています。その後、小売業日本一に君臨するようになるダイエー（1957年　神戸市）、戦前からの洋品店であった羊華堂を1958年に株式会社化したイトーヨーカ堂（東京都　現セブン＆アイHD）、1956年西武百貨店の子会社、西武ストアとしてスタートした西友（東京都）、岡田屋（三重県　現イオン）も1959年にはスーパー子会社を設立しています。他にも後に、総合スーパー大手となり、業界の売上上位企業となるスーパーがこの時期に生まれています。

前述の通り、スーパーという仕組みは店舗数が多いほど、利益が逓増《ていぞう》するようにできていますので、スーパー各社は、店舗網の拡大に向けて走り始め、成長する日本経済の追い風を受けて、拡大する個人消費を一手に取り込んで、競い合いながら小売業の主役になっていったのです。

ALL ABOUT THE RETAIL BUSINESS

2 総合スーパーが拓いたチェーンストアの時代

１９６０年代には、スーパー各社は急速に店舗数を増やしながら、店舗の大型化、総合化を進めていくようになり、その店舗売上も大きくなっていきました。そして、周辺の商店街の売上を奪う脅威であると認識されるようになります。スーパーは大きくなった店舗で、食品、生活雑貨、衣料品、等々あらゆる商品を品揃えして、１箇所ですべての買い物が済む、ワンストップショッピングという利便性を実現することで、圧倒的な小売店舗に成長していたのです。大型の総合スーパーを運営する大手は、さらに出店を加速して店舗網を全国に広げて行きました。

スーパーに売上を奪われることを懸念した小規模小売業者や商店街との紛争も発生するようになったことで、１９７３年には、スーパーの出店を想定した大規模小売店舗法が制定され、売場面積５００㎡以上の店舗を出店する際には、相互の利害調整が図られるようになりました。商業立地としてはこの時代、まだ日本では自家用車はあまり普及していませんでした。全国どこでも、駅前、中心市街地、バスターミナルといった公共交通のハブの周辺が、優良な出店場所だったのです。結果、スーパーの出店場所は商店街の近隣が多く、競争相手として出店を反対する動きが頻発することになったのです。しかし、時代を経ていくと、スーパーがあることで、その繁華街全体の集客にもつながる、ということがわかってきます。そのため、商店街と繁華街のスーパーの対立は徐々に収まっていくことになりました。

こうして1970年代以降、全国の一定規模の都市の駅前や中心市街地のほとんどに、スーパーマーケットの大型店が出店するようになりました。都市立地なので複層階のビルにタテ型の店舗が多くできるようになり、こうした都市出店で圧倒的な成長力を発揮して、業界の上位企業に躍り出たのは、ダイエー、西友、イトーヨーカ堂でした。関西を起点に急速に全国制覇したダイエー、西武百貨店のグループ力を背景に東京を起点として全国展開した西友、東京周辺の一等地を次々に押さえて東日本中心に展開したイトーヨーカ堂が業界大手としての地位を確立していきました。

とくに、多くの大手スーパーは出店資金の調達においても錬金術の如き手法を編み出し、出店スピードを加速することに成功していました。まず、出店時、土地、建物を取得して店舗を開業します。日本経済がどんどん成長していたこの時期は、何年か営業していると、収益で返済が進み、かつ、土地価格が上昇するため、その店舗資産の担保余力が生まれ、その分、金融機関からまた追加で資金調達ができるのです。この方式をとると、出店すればするほど、次の出店資金が加速度的に増えていくのです。また、スーパーは開店すると在庫を大量に仕入れますが、商品が売れればすぐに売上になります。支払は数カ月後なので、仕入債務－在庫＝「回転差資金」といった資金調達ができるという財務的構造もありました。ダイエーは、これらの潤沢な資金をフル活用して店舗を増やし、業界トップに君臨するようになりました。

しかし、後年、バブル崩壊後、急速なデフレへの転換により、地価が右肩下がりとなると、この負債に依存した調達方法は、逆回転することになります。歴史を知る皆さまは、日本経済が２０００年代以降、どんなことになったかをご存じなので、スーパーの「錬金術」をなんと愚かなことを、とお考えかもしれませんが、当時、右肩下がりの日本を想定していた経営者は、ほとんどいなかったと思います。そして、多くの大手スーパーが、こうした資金調達が致命傷となって、金融危機の到来と共に経営破綻を迎えることになるのです。

ALL ABOUT THE RETAIL BUSINESS

3

総合スーパーの全国制覇ワンストップショッピングの成功

日本のチェーンストアにとって最大の環境変化は、なんといってもモータリゼーションが浸透したことでしょう。１９８０年代以降、急速に普及した自家用車は、消費者の買い物行動を根本的に変えることになりました。大量の買い物を積んで帰ることができるクルマは、週末に家族で買い物に行ってまとめ買いというライフスタイルを浸透させたからです。なぜ週末かと言えば、この当時は一家に1台クルマがあっても、女性ドライバーが多くなかったため、パパが運転手という時代でした。道路を走る自家用車を目当てに幹線道路沿いにはロードサイド型の店舗が次々にできてくるのですが、１９８０〜90年代はファミリーで行く総合スーパー、飲食店、もしくは、男性客を主としたカー用品店、ホームセンター等が先行しました。なかでも、ワンストップショッピングができる総合スーパーは、週末のまとめ買いに最適であり、クルマで行きやすい広い駐車場のある郊外立地のスーパーは、大繁盛することになりました。中心市街地に加えて、ロードサイドという新たな出店余地を見つけた総合スーパーはさらに売上を拡大し、小売の王者の地位を確立しました。1985年の小売業界売上ランキングでは、1位ダイエー、2位イトーヨーカ堂、3位西友、4位ジャスコ、5位ニチイと5位までを総合スーパーが占めるようになっていました。

ただ、モータリゼーションの進展には、大きな副作用もありました。公共交通が脆弱であった地方都市において、便利なクルマへと急速に移動手段のシフトが進んだことから、公共交通の利用者が減り、そのハブである中心市街地は、徐々に人が集まらなくなっていったのです。そうなると、公共交通は、利用者が減り、便数が減って不便になり、さらに利用者が減る、といった負のスパイラルが始まりました。そうした環境変化の下、総合スーパーの地方店舗は、ロードサイドは流行っているものの、衰退に入った地方の中心市街地にある店舗が少しずつ売上を落とし始めます。このことが、後に総合スーパーの運命に大きな影響を及ぼすのですが、それは少し先の話です。

１９９０年代からは、小売業界にとって大転換期となる第二次モータリゼーションが始まりまっていました。地方でクルマが普及したことで、その便利さが浸透し、女性ドライバーが増え始めていました。そして追いかけるように世帯のセカンドカーである軽自動車が急速に普及すると、ロードサイドの店舗も顔ぶれが多様になっていきます。ドラッグストア、１００円ショップ、ユニクロ、しまむら、ニトリといった、現在は大手専門店チェーンとして馴染みのある銘柄は、この時期にロードサイドから急成長が始まりました。機動力を持った女性消費者が自らの運転でロードサイドを行き来するようになったため、ロードサイドに女性向けの専門店の商業立地が生まれたのです。出店場所がいくらでもあるロードサイドは、専門店の成長に大きく寄与し、そして、それは、総合スーパーの非食品部門の売上が少しずつ奪われることを意味していました。

そのころ、総合スーパーは、非食品の売上が減少し始めたことへの対策として、人気の専門店チェーンを総合スーパーのテナントに入れたり、ショッピングモールのテナントとして誘致するようになります。これにより専門店チェーンは売上が上がる出店場所を確保して、さらに成長を加速するようになりました。総合スーパーは、専門店など歯牙にもかけず、総合スーパー同士のシェア争いをしていたため、気づいた時には、専門店チェーン群に軒先を貸して母屋を取られる、状態を招いていたことになったのです。

ALL ABOUT THE RETAIL BUSINESS

4 バブル崩壊、金融危機、大再編の時代へ

１９９０年代バブル崩壊から地価の下落が始まると、右肩上がりを前提とした金融システムは機能しなくなり、90年代後半には金融危機へと進んだことで、小売業界にも激震が及びました。既述した大手スーパーの出店「錬金術」は、地価が上昇することが前提となっていましたが、地価が下がり始めると、この仕組みは逆回転します。担保不動産の価値が減って、借入金額を下回るようになると、担保評価額まで借入を返済するよう求められます。そんな状況になると、出店をしようとしても追加の資金調達はできません。その上、消費が停滞しているので、売上は伸び悩み、業績は急速に悪化していきます。そうなると返済能力が低下するため、さらに借入可能額が減るのです。当時、金融機関のこうした返済を迫る態度は、貸し剥がし、と言われましたが、これが続くと企業は必要な運転資金にも不足をきたすようになるのです。この時代、実際に多くの大手小売業が経営破綻に

追い込まれました。

最大手ダイエーはこの逆回転で経営が行き詰まりました。1998年には大量閉店による収益改善を目指すもならず、その後も自主再建への取り組みを続けたものの成果が出ず、2004年には産業再生機構による再建へと移行、その後経緯を経て、イオンの傘下に入ることになりました。ただし、ダイエーの実質破綻は、直接的には金融危機の影響が引き金となりましたが、業績が回復しなかったのは立地環境変化への対応ができていなかったことが真の要因でした。

前述の通り、地方ではスーパーの立地適地は、中心市街地からロードサイドに移っていましたが、初期に全国展開した総合スーパーは地方の中心市街地に大量の店舗を出店していました。2000年代にはこれらの店舗が次々と、不採算店になっていったため、閉店が追いつきませんでした。どうしてそんなことがわかるかと言えば、この時代に結果として閉店に追い込まれた店舗の大半が地方中心市街地の店舗だったことがわかっているからです。

そして、この状況は、西友、マイカル(旧ニチイ)等においても似た背景があり、マイカルは1998年民事再生法を申請し経営破綻、経緯あってイオンの傘下となり、西友は2002年には世界最大の小売業ウォルマートの傘下に入ります。かつての小売業ベスト5のうち、3社が破綻するという大再編の時代であり、その他にも多くの総合スーパーがこの時期に淘汰されました。そしてこの後は、イオンとイトーヨーカ堂（現セブン＆アイ）の二大流通大手の時代に入るのです。

なぜ、この2社は大再編期を勝ち抜くことができたのでしょうか。イオンは他の大手より成長時期が出遅れたことが幸いして、モータリゼーション前に出店した地方中心市街地の店舗が少なめでした。また、地方出身（三重県）であることから、立地のロードサイド移行という兆候を把握していました。そのため、金融危機の前に中心市街地店舗の多くを、幹線道路沿いへ移転させていたのです。これが、イオンが地方における圧倒的トップシェアを勝ち取った背景でもあります。

ヨーカ堂は「錬金術」を行っていなかったので、過剰債務に苦しむことがありませんでした。そして、これは単純に運がいいのですが、ヨーカ堂は首都圏の駅前店舗網を軸にしていたため、店舗網がクルマ社会化しませんでした。衰退する地方中心市街地の店舗が少なかったため、ダイエーのような影響を受けずに済んだのです。大淘汰時代を経て、イオンは同業を多数傘下に収め、セブン＆アイはそごう西武、ロフト、フランフラン、赤ちゃん本舗等の多業態小売を傘下に入れ、二大流通として君臨するようになるのです。

ALL ABOUT THE RETAIL BUSINESS

5

専門店への分散と製造小売業の台頭

90年代以降の総合スーパーは非食品専門店チェーンに一方的にシェアを奪われる存在でした。スーパーの非食品売上は、1992年8・7兆円、2002年6・4兆円、2012年4・8兆円、2022年4・1兆円と、この30年ほどで半減しています(出所日本チェーンストア協会)。非食品専門店チェーンとは、自家用車の普及の前半期には家電量販店、ホームセンター、紳士服チェーン、などの「男の店」、90年代以降の後半期はドラッグストア、100円ショップなど雑貨チェーン、ファーストリテイリング、ニトリといった製造小売業が台頭して、総合スーパーから売上を奪っていきました。

1995年の小売業売上ランキング200社をみてみましたが、その時点では後半期の専門店チェーンは、50位台にしまむら、60位台にマツモトキヨシ、110位台のハック（今のウエルシア）、１９０位台にファーストリテイリング、などが見られましたが、それ以外はランク外の存在でした。２０２３年度のランキングでベスト30に名を連ねるチェーンでも95年ランク外の企業を挙げてみると、パン・パシフィック・インターナショナルＨＤ（ＤＳ　ドン・キホーテ）、ツルハ（Ｄｒｇ）、ニトリ（家具インテリア）、コスモス薬品（Ｄｒｇ）、トライアルＨＤ（ＤＳ）サンドラッグ（Ｄｒｇ）、スギＨＤ（Ｄｒｇ）、大創産業（１００円ショップ）、などとなりますが、これらの企業はこの30年で最も成長したチェーンだということです。

ドラッグストアが多いことがわかりますが、80年代には化粧品＋医薬品の品揃えで、マツモトキヨシが首都圏で大成功していました。この時期は、マツキヨに倣った地方のドラッグストアが、ロードサイドでの女性マーケットの拡大を背景に成長したのです。各地で一斉に勃興したドラッグストアは淘汰・再編を繰り返してエリアを拡大、現在の大手企業になっていきます。地方のドラッグストアは、化粧品・医薬品だけではなく、集客のために食品や生活雑貨を低価格販売することで、大いに消費者の支持を集めました。今では、地方の生活必需品をワンストップで品揃えしたフード＆ドラッグ（コスモス薬品が代表格）といった便利店まで現れるなど、多様なタイプのドラッグストアが覇を競うようになっています。

この時期に、ドラッグストア以外で登場して大きく成長したのが製造小売業です。90年代以降、日本経済は成長しなくなり、価格上昇もないし賃上げもないというデフレ経済にどっぷり浸かった30年でした。その間、円高を背景にしてコストの安い海外（当時は中国が中心）で、自社のサプライチェーンで日本規格製品を製造することで、コスパの高い商品を提供する製造小売業（ＳＰＡ）は圧倒的な消費者の支持を得ました。しかし、ＳＰＡが低コストを実現した背景は、海外生産というだけではなく、自社オリジナルの商品を買い取ることで、製造コストを削減する、というところにありました。それまで小売業界においては売れなかった商品を返品できるという制度が当たり前だったため、メーカーはその分の返品ロス（返された分が廃棄され損失になるから）をオンした価格を提示していました。ＳＰＡは在庫リスクを自社で負担することで安さを実現し、結果、商品を売り切る体制を確立したのです。

代表的ＳＰＡ企業といえば、ユニクロ、ＧＵのファーストリテイリング、家具インテリアのニトリ、無印良品の良品計画、１００円ショップの大創産業などがありますが、その多くが地方ロードサイドの女性市場の拡大と共に大きくなりました。ＳＰＡ企業は構造的に低価格を実現しているため、そのコスパは高い競争力を実現し、業界内で圧倒的なシェアを確保した上で、海外進出にも成功しています。大手小売の中にもＳＰＡを目指す企業は増えています。

※略称　ホールディングス：ＨＤ、ディスカウントストア：ＤＳ、ドラッグストア：Ｄｒｇ

ALL ABOUT THE RETAIL BUSINESS

6

郊外型ショッピングモール（専門店連合軍）の時代

郊外ロードサイドから専門店チェーンが成長していくのと並行して、スーパーを核店舗にして、専門店を集積したショッピングセンター（ＳＣ）が郊外に増えていきます。２０００年代になると郊外に大型ＳＣが増えたことで、専門店チェーンの出店場所が拡がり、ますます専門店チェーンの企業規模は大きくなっていきました。この頃には、平日に日常の買い物を便利に済ますことができる近隣型ＳＣと、土日にファミリーでレジャーとして時間消費するための大型ＳＣとして用途が分化していきます。

近隣型ＳＣのイメージは、食品スーパー＋ドラッグストア＋１００円ショップ＋α（当時だとカジュアルアパレルやＴＳＵＴＡＹＡなど）のように日々の生活の消耗品を補充するための小型の集積なのですが、これが地味に便利なのです。２０００年代以降は女性ドライバーが増えたという話をしましたが、並行して地方では共働き世帯が増加しています。このため、忙しい共働き世帯は、平日は会社帰りに日々の生活必需品だけを短時間で買って帰りたい、というニーズが急増しました。昔からの総合スーパーは、1階で食品を買って、2、3階で雑貨、衣料を買うという作りなので、カートに向かないし、広すぎるのです。この近隣型SCは、駐車場の周囲に平屋の店舗があって、一回りすればすぐ必要なものが揃うようにできているので、必要なものだけ買って、さっと帰ることができます。

平日にある程度消耗品を買っている家庭は、時間のある土日くらいはショッピングを楽しみたいし、家族でゆっくり過ごしたいと思います。大型SCは核店舗としてスーパーも入っていますが、多種多様なアパレル、雑貨などの専門店が出店しており、さらに、物販系だけではなく、大型書店、アミューズメント施設、シネコンなど様々な時間消費のできるテナントも入っています。そうなると、昔のように土日に総合スーパーへ行こうとしなくなりました。平日は近隣型SCに寄り、土日に大型SCへ行く、となると、どっちの選択肢にも総合スーパーは入らなくなってしまったのです。

こうして、ワンストップショッピングをウリにして多くの来店客を集めた総合スーパーの時代は終わったのです。今は、忙しい平日は生活必需品ワンストップショッピング、土日は時間消費型ワンストップへと分かれたニーズに、総合スーパーはどっちつかずの存在です。今にして思えば、総合スーパーは買い物の主役である女性消費者が機動力を備えるまでの、暫定王者だったのだと思います。そのため、女性が機動力を持った地方において、総合スーパーは顕著に衰退しました。こうした背景があるので、クルマ社会化しなかった大都市部にだけ、総合スーパーが存続していたのです。こう言うと、あーそれでなのか、と気づく方もられるのでは。そうです、イトーヨーカ堂が、２０２３年から24年にかけて大量の閉店を行ったのは、大いに関係があるのです。

ヨーカ堂は首都圏中心に店舗網を築いていました。首都圏でも郊外はクルマで買い物に行く人は多いのですが、地方ほどではなく、クルマを持たない人も最近では多くなっています。また、広い空き地が少ないので、大型ＳＣも増えていきました。しかし、それでも、時代を経て今では、首都圏にも様々な近隣型ＳＣや大型ＳＣができてきました。そうなると、ＳＣ核店舗以外で、最後まで頑張っていた総合スーパー、ヨーカ堂も都心以外の店舗は維持できなくなってきたのです。そのあたりは、ヨーカ堂の２０２４年閉店後に残った店舗網を見ると、なんとなく感じていただけると思います。ヨーカ堂の大量閉店が頻繁に報じられていた時、なぜ今なの？　とよく聞かれましたが、こんな背景があるのです。

ALL ABOUT THE RETAIL BUSINESS COLUMN

大黒柱に車をつけよ～イオンを勝利に導いた家訓

60年ほどの日本のチェーンストアの歴史の中で、モータリゼーションは最大の環境変化であり、この変化対応が小売企業の盛衰に大きな影響を及ぼしました。初期に小売の王者として成長した総合スーパーは、金融危機というトリガーはありましたが、多くの大手企業が、モータリゼーションの2度の大波の中で消えていきました。そうした中、変化に対応することで大きく成長し、スーパーの国内最大手として生き残ったのがイオンでした。

イオンの創業家である岡田家には、「大黒柱に車をつけよ」という家訓がある、というのが業界では有名な話ですが、イオンが小売の覇者となったのは、正にこの家訓を実践したからであると感じています。はるか昔、四日市の本店の前の人通りが変化したことを感じ取って、本店の場所を引越しした、という家訓でもあるようですが、環境の変化に企業側が合わせて自社のやり方を変えていかねばならない、ということだと思います。

イオンの基本的な手法はざっくり言えば、こんな感じです。第一のモータリゼーション前に出店した地方駅前の店は第1波到来を察知すると、素早く店を移転させました。そして第2波到来を察知すると、新たに大小さまざまなショッピングモールを建設し、その核店舗となる、といった感じで、大黒柱を動かしていきました。こうした移転はスクラップ&ビルド、というチェーンストアの基本理論ではありますが、ここまで愚直に実施してきたのはイオンくらいかもしれません。

巨大なモールなどが出店すると、確かに街の人流が全く変わってしまうことがあるので、モールが街を変えた的な言い方がされているかもしれません。しかし、それは自家用車の保有台数と女性ドライバーの数が一定数を超えていなければ、十分な利用者がいないのであり、立地環境に適合したから成功したと言えるのでしょう。これこそが小売業の基本なのだと思います。

第3章

食品ディスカウンターに学ぶ覇権争いの世界

Chapter 3 :
Learning from Food Discounters:
the Struggle for Supremacy

ALL ABOUT THE RETAIL BUSINESS

1

日本型食品スーパーの転換期

スーパーの食品売場が、鮮度を重視する消費者にアピールするため、生鮮三品の小分け、パック詰め（最終流通加工と言います）を店舗バックヤードで行う「インストア加工」を基本にしている、ということを第一章冒頭で触れました。本来なら、加工センター等で集中的に作業する方が明らかに効率的なのですが、日本の消費者は、今そこでパック詰めしたという鮮度を重視して、スーパーを選んでいたからです。このため、この国の食品売場は、インストア加工を基本とする独特のビジネスモデルが標準となっています。その結果、食品スーパーは小売業の中で、最も労働集約的であり、労働分配率（売上総利益に占める人件費の割合）も最も高い業態となっています。

本来、チェーンストアでは店舗を増やすほど利益率が向上するはずなのですが、日本のスーパーでは店舗ごとにインストア加工スペースと人員の確保が必要になるため、十分な規模の利益が働かないことも既述の通りです。さらに言えば、この運営方法は、50年ほど前に始まったやり方であり、その当時と今では競争環境もかなり変わっています。とくに、今ではスーパーの店舗数はかなり増えている上に、店舗も大型化が進んできたため、スーパーの売場効率（売場面積あたりの売上）が低下してきました。しかし、広い売場を運営するために店舗の人員は多く必要になり、人件費を下げなければ収益が出ないという状況が続いてきました。本来であれば、企業としての生産性を上げていくことが必要だったのですが、２０００年代以降のスーパーは、パート、アルバイト比率を上げていくことで人件費を抑える方向へ向かいました。バブル崩壊から金融危機を経る時期には、景気も低迷し世帯収入も伸びなかったことから、女性の就労率が上昇する時期にあたり、非正規労働者として人材の確保が可能だったのです。このため、スーパーは労働集約的な店舗運営を非正規化によって、なんとか維持してきたのですが、その代わり、スーパーの店舗生産性は大きく向上することなく今に至っているのです。

　ただコロナ禍の終息以降、経済環境がデフレからインフレへと転換して、スーパーの外部環境は大きく変化しました。海外由来で始まった原材料価格の高騰は、輸入依存度の高い食品とエネルギーで顕著です。必需品である食品の価格転嫁は、消費者の客離れを恐れるスーパーにとって、フル転嫁することが難しく、減益要因となっています。また、冷凍、冷蔵品を多く取り扱うスーパーでは、エネルギー（水道光熱費）高騰は大きなコスト増の要因となりました。そして、同時に顕在化した人手不足と人件費の高騰は、特に労働集約的なスーパーにとって、深刻な問題となりつつあります。大きなコスト増になる上に、人手が集まらなければ、店を開けることも出来ない恐れもあるからです。原材料高騰、エネルギー高騰、人手不足＋人件費高騰、という3重苦に襲われたスーパーは、生産性の改善から逃げることは出来なくなりつつあります。インストア加工を前提とした日本型スーパーという仕組みを変えていくことが不可避だ、ということです。

近年、首都圏では、イオン「まいばすけっと」というミニスーパーが急成長しています。主にコンビニの跡地に出店しているミニスーパーが10年ちょっとで１０００店舗、売上２５００億円超、安定黒字化、を達成し、さらに増え続けているのです。このスーパーがバックヤードのないコンビニ跡地に出店出来るのは、日本型流通加工をせず、イオンのセンターから商品供給する仕組みだからです。これからは、こうしたセンター供給型でコストを抑えたタイプのスーパーが、大手を中心に増えてくることが予想されますが、センターを新設する投資余力のない中小の追随は難しく、淘汰が進む可能性が言われています。業界は大きな転換期を迎えつつあると言っていいでしょう。

ALL ABOUT THE RETAIL BUSINESS

2 コンビニエンスストアの飽和

国内コンビニ市場は既に飽和したと言われています。その市場規模は12兆円、店舗数5万6千店ほど（経済産業省商業動態統計）とされていますが、近年は店舗数が減少に転じています。市場規模は店舗数×店舗あたり売上に分解できるのですが、これまでも店舗のスペースが限られているコンビニは、店舗あたりの売上は微増といった感じで、店舗数を増やすことによって拡大してきましたが、今や店舗が全国に広く行き渡った感があり、出店余地がなくなった、と見られているのです。

コンビニは、フランチャイズ制度を基本として店舗展開をしていることも、その特徴のひとつと言えます。なぜかと言えば、24時間営業を基本として長時間営業を行うコンビニは労働基準法に基づいて雇用する従業員だけでは運営が難しいから、と言えます。日本にコンビニができ始めた当初は、家族経営の食料品店、酒屋などを加盟店として勧誘し、早朝深夜帯対応、長時間労働の問題については、主として労働基準法の適用外であるオーナーが家族でやりくりすることを前提としていたようです。少し前までコンビニ加盟店オーナーは夫婦での参加が条件であったというのも、こうした背景からでした。そんな労働条件の厳しいコンビニ加盟店経営ですが、市場が成長している時代は相応に収益も上がり、頑張れば報われる、といった実感もあり、本部と加盟店の関係はほぼ良好に推移していました。

しかし、2010年代後半ごろから、値引きに関するルール、24時間営業に関するルールなどを巡って一部加盟店とコンビニ本部が争議となる事案が頻発し、公正取引委員会による勧告が出るなど、関係が悪化した時期がありました。その要因は様々ありましたが、要は加盟店経営環境が厳しくなったことが背景にあり、コンビニ市場が飽和に近づいていたため、従来通りの出店ペースを継続すると、既存店とのバッティングが生じて、加盟店の収益を損なうようになったことにありました。社会的に大きな注目を浴びる問題となったことで、当初は従来の拡大政策を続けていたコンビニ各社も、加盟店対応、出店政策の転換をせざるを得ませんでした。

ただ、出店余地がなくなったからと言って、本当にコンビニはこれ以上伸びないのかと言えば、実はそうではありません。現在は、大手3社のシェアが8割以上という寡占化が進んだコンビニ業界ですが、少し前までは大手が中堅コンビニの統合競争をする大再編期でした。大手はシェア確保が最優先課題であったため、一部を除いて単一の店舗形態で店舗数を増やす競争をしてきたと言えます。今よくみかける、いわゆる各社の標準店舗を増やしていく場所はなくなってきつつあるのですが、別の店舗形態を開発することによって、また新たな出店余地を生み出すことは可能だということです。

コンビニ各社がDXを活用した無人店舗の実験をしているといったニュースを時折見かけると思うのですが、こうした取り組みは単にコストダウンを目的としているだけではなく、損益分岐点を下げることにより、これまでは出店できなかった小さい商圏にも店を出すことができるようになるからです。例えば、オフィスビルにはこれまでもビルインのコンビニが1階などに入っていたと思いますが、小商圏型店舗なら1フロアごとに出店することも可能になるのです。そうなれば、確実にビル全体での売上は拡大することができる、といったイメージで、損益分岐点を下げれば、事業所内、過疎地、高齢化団地などなど、様々な出店余地が生まれてくるのです。商圏のスキマを埋めるこの取り組みは「商圏の細分化」と言われますが、これだけでも、コンビニ市場は飽和したというにはまだ早いことは、わかっていただけるかと思います。

ALL ABOUT THE RETAIL BUSINESS

3 新たなスーパーVS生鮮コンビニの食品市場再分割

コンビニとスーパーは似たような商品ジャンルを取り扱っていますので、一見するとガチンコの競争相手のように思うかもしれませんが、実は、そこまでのライバル関係でもないのです。ご自分の買物行動を思い出していただくと、自分はスーパー派だからコンビニは利用しないとか、その逆だとか思っている人は多分いないと思います。夕食の食材をスーパーに買いに行く人も、勤務時間の合間の忙しい時の昼食だと、オフィス近くのコンビニで買っていてサッと済ますこともあるでしょう。ざっくり言うなら、コンビニは、商品に加えて「時間を買う」店であり、同じペットボトル飲料にスーパーより高い値がついていても、急いでいる時なら買ってしまいます。消費者にとって価格はとても重要な購買基準ですが、時間も同じくらい重要であり、時間がない時には、高くても買います。

その意味で、これまではスーパーとコンビニは、ある程度棲み分けができていたのです。しかし、２０２４年1月末、イオンの岡田会長は注目すべき発言をしています。「今後の競合の大本命はコンビニエンスストアとＥＣ（電子商取引）だ」、「コンビニと共存できない時代になり……」といった感じです。これからは、市場飽和したコンビニが、スーパーの担っていた内食ニーズを取りに来る、と考えているということです。

この章の最初に、スーパーの転換期に関する話をさせていただいたと思います。スーパーは生鮮・惣菜の店内流通加工をセンター供給方式に転換していくことになる、ということでした。このことは、コンビニのスーパー食品市場への参入を可能にします。これまで店内流通加工でないと受け入れないとされていた消費者が、センター供給を受容するなら、バックヤードのないコンビニでも、内食用の生鮮品を供給するチャネルにもなれるのです。弁当や惣菜に関しては、コンビニは独自のノウハウを確立しています。加えて、生鮮品を鮮度劣化させることなく、センターから供給することができるのなら、コンビニというインフラを基に開発した内食対応型コンビニという新業態が成立し、スーパーの需要を侵食できるようになる、ということです。

今、これに取り組もうとしているのが、セブン＆アイのＳＩＰストアによる実験だと考えています。消費者がスーパーに求めてきたニーズを充足した店が近くにできるなら、センター型の供給であろうと、消費者の相応の支持が得られることは、既にまいばすけっと（まいばす）の成功で実証済みです。余計な話ですが、まいばすの店舗は、セブン‐イレブンの近隣地に多いということがわかっています。まいばすがコンビニ跡地を出店適地としていたからなのですが、これはコンビニの競合地で、これまではセブン‐イレブンの生存率が高かったことを示してもいます。結果、セブン‐イレブンは、まいばすとの隣接関係を通じて、まいばすがこれからのスーパーとして求められているニーズを満たしていることに気づいたのだと考えられます。

高齢化が進む日本においては、消費者の移動範囲はどんどん狭くなっていきます。そうなれば、品揃えが良く安いけれど遠くにあるスーパーより、最低限の品揃えがある近くのまいばす、SIPストア、でいいという人が確実に増えるのです。そもそも、食品スーパーの市場規模（食品販売額の規模：スーパーマーケット協会統計だけでも25・5兆円、経済産業省大型商業動態統計　45兆円）は、コンビニ市場（12兆円）の何倍も大きいのですから、その一部を取り込むだけでも、コンビニ市場はまだまだ成長する余地があるのです。コンビニは飽和したどころか、虎視眈々とスーパーのマーケットを奪いに行く準備を進めているのです。

ALL ABOUT THE RETAIL BUSINESS

4

もはやドラッグストアではない……フード&ドラッグ

人口減少高齢化の日本において、小売市場で規模が拡大している業態はほとんどなくなり、長らく成長を続けてきたコンビニ市場も頭打ちとなって、今やドラッグストア（ドラッグ）だけが拡大を持続しているように思われます。最近10年ほどの間に、ドラッグの店舗数は45％増えましたが、それ以上に販売額が約70％増と大きく拡大しています。これは調剤売上と食品売上が倍以上になったことが牽引していると思われます。調剤に関しては、ほぼドラッグに共通の傾向で、各社共に処方箋の獲得に注力しているようです。調剤では必ず待ち時間が発生するのですが、様々な商品を幅広く売っているドラッグとしては、その間についで買いしてもらえる大変ありがたいお客さまだと言えます。

もうひとつの食品については、企業ごとにその取組状況は異なります。1990年代以降にロードサイド型のドラッグ企業が各地で勃興したのですが、一部の企業は購買頻度の高い食品を低価格販売することで集客力を高めるフード&ドラッグ(F&D)というモデルを選択しました。ロスが少なく温度管理のないグロサリー、菓子、酒、飲料品などの、売れ残って返品された商品、いわゆるディスカウント品を調達して廉価販売したのです。利幅は薄いのですが、来店客数は大幅に増えます。そして、来店客に利益率の高い医薬品、化粧品をついで買いしてもらうことで、収益を確保するという手法なのですが、これが大成功しました。今や、業界3位のコスモス薬品(福岡、9649億円)、クスリのアオキ(石川、4368億円)、ゲンキー(福井、1848億円)といった上場ドラッグを筆頭に、ダイレックス、ドラッグストアモリ等、いくつものF&Dが地方で成長を続けています。これらの企業は売上の約5～7割を食品が占めており、F&Dの成長が業界全体の食品売上を牽引していると言えます。

今や、F&Dは、業界において強力なライバルと見做されていますが、それ以上に食品売上を奪われるスーパーマーケット業界から、大きな脅威として認識されるようになりました。食品を本業とし、食品で利益を積み上げるスーパーからすれば、食品で利益を稼ぐ必要がないF&Dの食品「投げ売り」はとても厄介な存在です。物流効率化、商品開発などチェーンストア理論の権化と言われるコスモス薬品、M&Aでスーパーの生鮮ノウハウを取り込んで展開するクスリのアオキは、既に規模の利益でも地場スーパーをはるかに上回る調達力を備えています。その上、ゲンキーに至っては、大手スーパーでしか備えていない食品流通加工のためのプロセスセンターを備え、食品のセンター供給体制を確立している、という先進的なチェーンストアです。未だに地場スーパーが地域毎に群雄割拠しているスーパー業界にとっては、Ｆ＆Ｄは業界を超えて攻めてくる、とても厄介な脅威なのだと思います。

Ｆ＆Ｄがスーパーを脅かしているのは、地方の共働き世帯の、平日の生活必需品ワンストップニーズに対応しているからです。食品、日用消耗品、化粧品、医薬品の日々の不足を、スーパーより小さい店内を一周すれば、ひと揃え補充できるのですから、食品補充でスーパーに行くほどでもない日には、時短に大いに貢献します。Ｆ＆Ｄは西日本で多く発祥していて、現在は各社が東に向かって拡張中です。この生活必需品ワンストップニーズは全国共通なので、近いうちに東日本でもＦ＆Ｄが席捲することは間違いないでしょう。10年後、大きく成長したＦ＆Ｄ各社は、ドラッグとは別の新たな業態に分類されているかもしれません。

調剤：医師の診断を経た処方箋に基づいて薬を揃えること。

ALL ABOUT THE RETAIL BUSINESS

5

ディスカウントストア大手 覇権への挑戦

ディスカウントストアと言えば、筆頭はご存知ドン・キホーテの運営会社であるパン・パシフィック・インターナショナルＨＤ（ＰＰＩＨ）ということになるでしょう。２０２４年６月期決算で、小売業界では５番目となる売上高２兆円越えを達成、２０２５年６月期は上場前を含めて、36期連続増収増益（営業ベース）を達成する見込みという、驚異的な成長を続けています。この会社、単に価格が安いというだけではなく、商品をうず高く積み上げる圧縮陳列という手法を駆使して、会社が「魔境」と称する独特な宝探し空間を作り出すことで、インバウンド訪日客のデスティネーションにもなっており、２０２３年度では大手百貨店を上回る、隠れた免税売上高日本一という存在でもあります。

一般的に、ディスカウントをウリにする小売業は、薄利多売を基本としていることが多いので、相対的に利益率は高くない場合も多いのですが、ＰＰＩＨは営業利益率６・７％

と小売業としては高い収益率を稼ぎ出しており、きちんと儲けながら安さを提供するビジネスモデルも備えています。ＰＰＩＨの有価証券報告書を見ると、商品別の販売額と仕入額が開示されているので、商品別の粗利率を推計することができます。それを見ると、確かに購買頻度の高い食品は19％ほどと薄利なのですが、「魔境」を主に構成している日用雑貨は32％、その他の主力商品は35～38％と相応の粗利率を稼ぐ構造となっています。全社ベースでの粗利率31％超は、小売業界において薄利とは言わない水準だと思います。宝探しの中で面白い商品を掘り出してしまうと、つい買ってしまいますが、魔境商品は原価から考えると決して安い訳ではなく、エンタメ空間としての場所代はキッチリ貰っているのです。その意味ではＰＰＩＨのビジネスモデルは、商品価値＋エンタメ空間提供価値によって稼ぐオンリーワンのビジネスモデルであるようです。

薄利多売のディスカウントストアということならば、２０２４年に上場を果たしたトライアルＨＤこそ、まさに王道を行く企業と言えるかもしれません。九州から興ったこの会社は、世界一の小売業であるウォルマートが米国を制覇した、スーパーセンターというタイプの店舗に倣った、生活必需品なら何でも揃う平屋の大型店舗を展開することで、地方ロードサイドで成長し、２０２４年6月期で売上高７１７9億円、経常利益１９７億円と、今やディスカウントストアでＰＰＩＨに次ぐ存在となっています。しかし、その粗利率は19・8％と正に薄利の極みであり、運営コストを抑えるインフラなしでは利益が出ない薄利だと言えます。

トライアルのビジネスモデルは、ある意味では低価格を実現するための仕組み作りに、愚直に没頭していることが特徴だと感じています。創成期からの自社物流による物流効率化へのあくなき追求、オリジナル商品開発への地道な努力、そしてレジカート（カートで買物しながらバーコードを読み込み、レジでは確認作業だけで通過できてしまう仕組み）に代表される、ＤＸを駆使した省人化の取り組みなど、特徴的なチャレンジを数多く行っていますが、すべては消費者にどこよりも安く商品を提供するためだと言えます。

このようにビジネスモデルは全く異なる、ＰＰＩＨとトライアルという2社が牽引するディスカウントストアですが、共通する点をあえて見つけるとすれば、ベンチャースピリットということかもしれません。チェーンストアの歴史もほぼ還暦を回った今の日本の小売業では、初期の創業経営者の多くが代替わりしている中、小売のカリスマ創業者は少なくなってきました。共に、今でも創業者が経営に参画しているＰＰＩＨ、トライアルのベンチャースピリットこそ、今後の小売の発展には必要なのかもしれません。

ALL ABOUT THE RETAIL BUSINESS

6

食品ディスカウンターの成長は続くのか

経済産業省の産業分類によれば、総売上に占める食品売上の割合が7割以上のスーパーを食品スーパーとしているのですが、こうした食品スーパーの中にも、食品ディスカウンターとも言うべき、価格訴求型のグループがあります。その代表格といえば、オーケーとロピアということになるのだと思います。首都圏の16号線の内側に集中展開し、２０２４年秋には大阪進出するオーケー、湘南の精肉店チェーンから発祥して今や全国展開を進めるロピア、共に本店を神奈川県（オーケーの発祥は大田区）においている両社ですが、そのビジネスモデルはかなり異なっています。

オーケーの特徴は、生鮮、惣菜以外の商品、いわゆるメーカー製造食品に関して、自社ブランド（ＰＢ）をほとんど扱わず、ナショナルブランド（ＮＢ）中心で品揃えし、その希望小売価格の○割引きであること、地域最安値を保証することなどによって安さをアピールして集客していることです。日本の消費者は、メーカーブランドへの信頼が厚く、小売ＰＢが価格の絶対値では安くても、その品質をなかなか信用してくれない傾向があります。そのためオーケーは、品質の担保されたＮＢを他店より安くすることで、消費者にコスパの高さでアピールしています。ＮＢは他店との価格比較も容易なので、本当に安いかどうかを消費者自身が体感できるからです。

常に競合店よりメーカー品が安い、と認識してもらえると、実際に競合店の何倍もの来店客に来てもらえるため、オーケーの1店舗あたり売上は、業界トップクラスで、競合店の2～3倍の約40億円となっていることがわかっています。ただ、これだけでは十分な収益は稼げません。そこで、同じもので横比較ができない生鮮、惣菜に関しては、相応の粗利率を確保しながら販売しています。全体としては高い利ザヤを乗せないのですが、薄利多売を実現していると言っていいでしょう。このビジネスモデルは多売が前提となるため、オーケーは首都圏16号線の内側という出店エリアに集中しているのです。こうした背景を聞けば、数年前、オーケーが京阪神に展開する関西スーパーを巡って、Ｈ２Ｏリテイリングと争奪戦を繰り広げた理由もわかります。京阪神が首都圏に次ぐ人口密集地であり、多売を実現できる国内の数少ない市場だったからなのです。

ロピアも、オーケー同様、店舗あたり約40億円の売上があり、業界トップクラスの集客力を誇る強力なスーパーです。強さの源泉は、出自である精肉店チェーンとしての、精肉商品の圧倒的な安さと品揃えにあります。グループでの取扱量をバックに、1頭丸ごと仕入れて売り切ることができる独特のノウハウを持っており、一般のスーパーにはできない驚異的な安さに多くの来店客が訪れます。ロピアでは、精肉を始めとする各売場が専門店として機能し、全体で昔の市場を構成することを目指した店作りがされており、その結果、売場同士が競い合い、日々少しずつ変化していくという「売場の鮮度」が実現されています。地域最安値が魅力なのは間違いないのですが、それ以上にこの売場の鮮度が、変化のない一般的なスーパーより、期待感、ワクワク感を感じさせてくれるのです。

最近は、ロピアはイトーヨーカ堂の北海道、東北の撤退跡地を引き受けるなど、積極的な全国展開を進めようとしています。かつて関西スーパーの買収に失敗したオーケーは、2024年11月には、自前で東大阪に出店しますが、そのビルの最上階には関西攻略の拠点となる関西事務所が設置されています。この両社の競争力は業界でもズバ抜けており、新たな進出地の同業は、相当な影響が避けられないでしょう。

ALL ABOUT THE RETAIL BUSINESS COLUMN

生鮮強化とチェーンストア理論の融合……バローの先行事例

岐阜県の多治見から発祥して、今では中部、関西方面へと拡大を続けるバローHDは、食品スーパーを軸に、ドラッグストア、ホームセンターなど複数業態を展開する売上8077億円の小売グループです。バローはチェーンストア理論実践の優等生とされ、店舗の標準化、効率的物流を基盤として、オリジナル商品の開発にも注力して、その効率性で周囲の競合に打ち勝ち、中部地方屈指の存在となりました。ただ、少し前までのバローのスーパーの印象は、どこも同じ感じの店がひたすら増えていく、といった感じがあり、若干平板なイメージのあるチェーンではありました。しかし、今、バローの雰囲気は大きく変わり、生鮮売場が専門店風へと変化し、「売場の鮮度」を押し出すようになり、それが来店客を増やしていいます。これにはあるきっかけがありました。生鮮スーパー、タチヤの買収です。

タチヤは、昭和の生鮮市場を彷彿とさせる売場を、名古屋周辺で展開して大人気の食品スーパーですが、バローの傘下に入りました。チェーンストアの権化だったはずのバローは、タチヤの生鮮売場を温存したばかりでなく、自社の生鮮売場をタチヤ式の生鮮市場型に変更し始めたのです。この転換は大成功し、若干停滞気味であったバローの既存店売上は再び伸び始めました。それどころか、今では食品スーパー、バローの社長は元タチヤの社長が務めるようになっています。

タチヤを仲間に迎えたバローは、チェーンストア同士が競争する今、生鮮市場的な売場の方がライバルと差別化できることに気付いたのです。チェーンストアの効率的なベースインフラは維持しつつも、生鮮市場の賑わいを再現する非効率を加えた方が、売上、収益が良くなるようなのです。こうした生鮮の「先祖返り」実験に取り組む企業は他にも出始めているようです。近いうちに市場の賑わいが、我々の住む地域にも戻ってくるかもしれません。

図　フード&ドラッグの存在感は増している

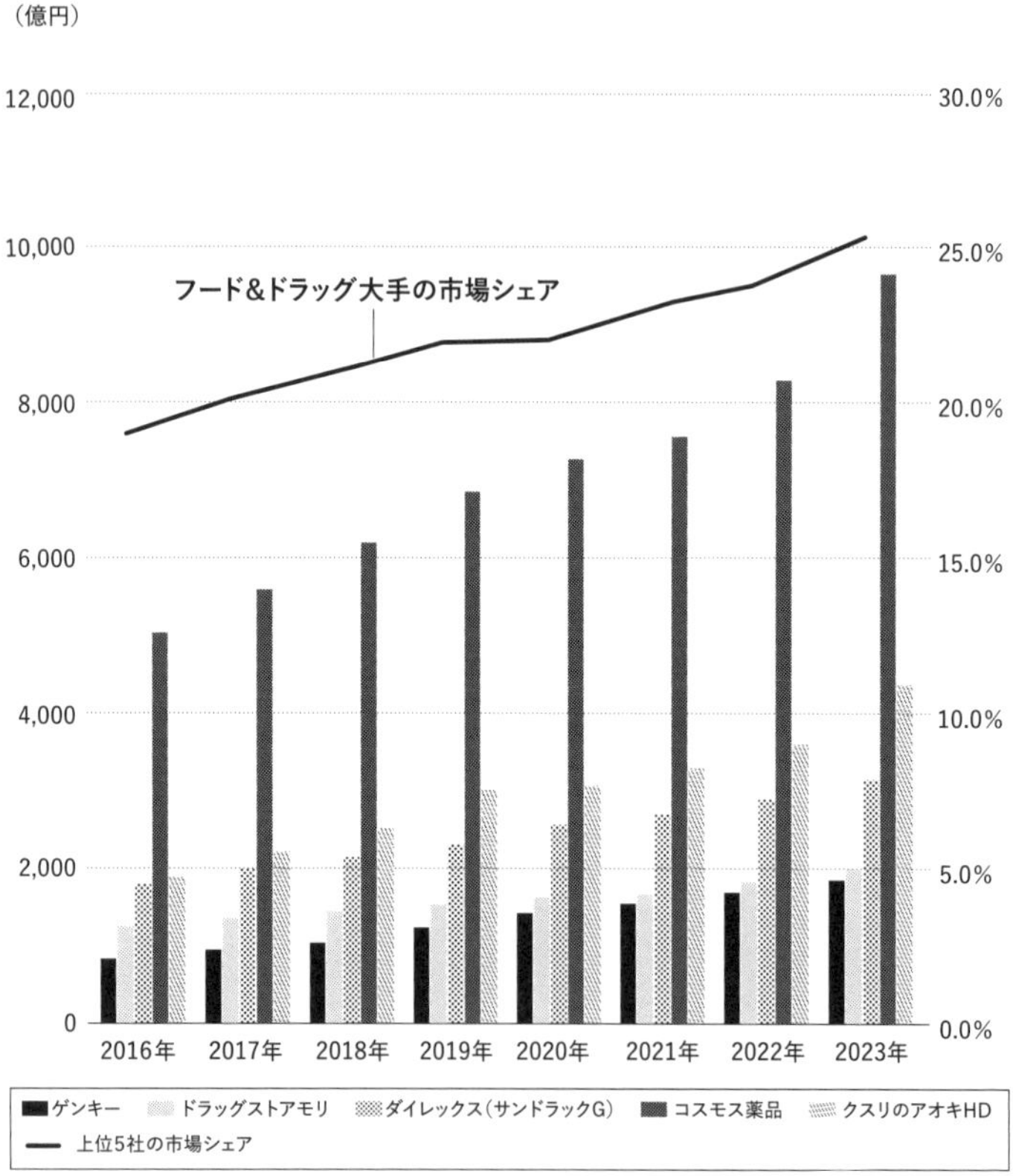

各社IR資料、ウェブサイトより作成

第4章

変化対応力から学ぶ
小売専門店の世界

Chapter 4 :

Learning from Responding to Changes in the Environment:

Specialty Stores

ALL ABOUT THE RETAIL BUSINESS

1

市場飽和で踊り場の家電量販店 ヨドバシの挑戦で最終決戦へ

家電製品が家庭に行き渡り、ＰＣ、タブレット、スマホなどの情報機器もほぼ普及した環境となって久しく、家電量販店の市場規模は伸び悩むようになりました。業界の主要企業といえば、ヤマダＨＤ、ビックカメラ、ヨドバシカメラ、エディオン、ケーズデンキといったご存知の銘柄となりますが、売上トップシェアのヤマダＨＤ（売上高１兆５９２０億円）が、２位のビックカメラ（売上９２２５億円）の１・７倍、３位以下のヨドバシ、エディオンなどが７千億円台といった位置付けなので、ヤマダは圧倒的なトップシェアだと言えます。しかし、かつてヤマダの売上が２兆円を超えていたこと、今では家電量販としてのデンキ事業の売上は１・２兆円まで下がっていることを踏まえると、そんなに余裕の状況ではなさそうです。

ヤマダのデンキ以外の売上は約4千億円ということですが、住宅関連事業が約3014億円、家具インテリア437億円といった構成です。住宅関連事業は、エス・バイ・エル、ヒノキヤグループなどを買収、家具インテリアは、あの親子喧嘩で話題になった大塚家具を買収して、事業の柱としています。これらのM&Aの共通軸は、家電の置き場である家回りのニーズを丸ごと取り込んでいこう、ということです。

かつてのヤマダのビジネスモデルは、地方、郊外のロードサイドに、売場面積3000〜5000㎡ほどの大型店を展開して、中小型店（売場面積1000〜2000㎡）の競合チェーンを安さと品揃えで圧倒し、シェアを奪ってしまう、というものでした。この作戦は大成功し、地方で割拠していたローカルチェーンを次々と撃破したヤマダは、ロードサイドで家電の圧倒的王者になりました。しかし、今や中小型店のライバルはほぼ絶滅し、生き残った競合企業はエディオン、ケーズなど、大型店展開の大手チェーンばかりとなると、勝ったり負けたりの膠着状態となり、ヤマダの家電量販店としての成長余地は事実上消失しました。加えて、ヤマダの展開しているロードサイドでは、急速な人口減少高齢化で、家電需要は縮小必至ですので、このままでは売上は減るばかりです。それがわかっていたヤマダは、かなり前から住宅や家具など隣接業界進出の布石を打っていました。しかし、家電売上の減りを補うまでにはいかず、売上は伸び悩んでいるのです。

同じ家電量販店でも、大都市駅前に大型店を展開する、いわゆるカメラ系家電量販、ビックカメラ、ヨドバシカメラは、ネット販売なども強化しながら、少しずつ売上を伸ばし続けて、かつてははるか先を走っていた、ヤマダの背中が見えてきました。そんな矢先に、セブン&アイHD傘下だったそごう西武の、不動産ファンドへの株式売却という案件が発生、ファンドのパートナーとしてヨドバシが名乗りを上げることになったのです。そごう西武の池袋、渋谷、千葉の店舗不動産をヨドバシが取得するという連携ですが、ご存知の通り、池袋に関しては、町の玄関口を家電量販店にするのか！という反対もあり、大きな話題となったことは記憶に新しいでしょう。

最終的には池袋も含めて、ヨドバシ+専門店モールの商業施設ができることになりますが、これをきっかけとして膠着していた家電量販店の勢力図が大幅に入れ替わる可能性が出てきました。ヨドバシが取得した3店舗は、ビックカメラの出店地であり、とくに池袋は発祥の本拠地です。ヨドバシは駅直結の超大型店舗+商業施設で、一気にビックカメラの本丸に勝負を掛けてきたのです。このカメラ系大決戦の結果次第では、家電量販店の覇権が動くかもしれないのです。ヤマダの大型店もある池袋の攻防戦がどうなるのか、目が離せません。

ALL ABOUT THE RETAIL BUSINESS

2 新築戸建て市場縮小で差別化を目指すホームセンター

カインズホーム、ＤＣＭ、コーナン、コメリ、アークランド、ナフコ、などがホームセンターの大手銘柄なのですが、首都圏の中心部にお住まいの方にはあまり馴染みがないかもしれません。ホームセンターは、家回りの商品がなんでも揃う便利な店なのですが、地方や郊外のロードサイドに店舗が偏っているため、東京区部周辺ではあまり見かけません。

なぜかと言えば、家周り需要が大都市中心部ではあまりないからです。家の中のインテリア雑貨、家庭用雑貨、日用消耗品などはどこに住んでいても必要かもしれませんが、ホームセンターで広く売場を占めているのは、家を修繕、改装するための材料や工具、外構回り商品、園芸やガーデニング、ペット、カー用品等であり、広い庭付き一戸建てに住んでいる人が主要顧客となるため、地方、郊外がターゲットとならざるを得ないのです。

都道府県別に人口一人あたりのＨＣ販売額を、統計データで比べてみると、地方ほど高く、大都市部は低く、最低は東京都ということになってきます。ちなみに、東高西低という傾向もあるのですが、これは除雪用品や冬用タイヤなど冬季対応需要が加算されるからです。また、家周り需要が最も大きくなるタイミングは、家の新築の時であるため、ＨＣ需要は住宅着工件数との関係性が高いこともわかっています。と、ここまで言うともうお分かりと思いますが、人口減少高齢化が進む地方を基盤としているホームセンターは、今後の急速な需要減少が避けられない環境に置かれている、ということです。こうした状況を十分わかっているＨＣ各社は、家周り需要以外の新たな市場開拓を進めています。

新たな市場とは、大まかに、①大都市市場への適合、②農業分野の強化、③プロ向け建材ニーズの取込み、の３つが挙げられます。大都市部では家周り需要は小さくはなりますが、狭小住宅やマンション住まいでも、家中需要は存在しています。インテリア雑貨、家庭用雑貨、日用消耗品などに絞り込んだ品揃えの都会暮し向け店舗を開発して、街の中へ出ていくという考え方ですが、言うほど簡単ではないようです。都市部需要向けには、既に無印の良品計画が確固たる地位を占めていますし、家具インテリア大手ニトリのデコホーム、最近では１００円ショップDaisoから発祥したStandard Productsといった新業態も参戦していますが、ＨＣの存在感はまだほとんどありません。

農業需要の取込みでは、この分野に早くから取り組んでいるコメリが大きな存在感を持っています。この市場では、①過疎地でも耐えられる損益分岐点構造、②収穫期までの延べ払い対応（金融的機能）、③農業への支援機能（販売支援、技術支援など）など、一般的に小売業が持っていないインフラを整備する必要があり、コメリはそこにかなりの投資をしてきました。この需要の競合は少なく、ブルーオーシャンかもしれませんが、インフラ構築というハードルは高く、他社の新規参入は簡単ではないでしょう。

プロ向け建材需要への対応に関しては、コーナン商事、ＤＣＭなどの大手が既に実績を出しつつあります。大都市郊外においても近年、新規住宅着工は減っているのですが、既にある住宅のリフォーム需要などは活況を見せています。こうした小口の工事では、大規模住宅開発などと違って、現場で資材調達をする機会が増えており、ＨＣの利用機会は増えています。こうした環境変化を先取りしたコーナンやＤＣＭのプロ向け店は、需要を取り込み、着実に店舗を増やしていますし、この動きに追随する大手も増えつつあります。

このように、ＨＣの新規市場開拓にまだ正解はでていないようですが、チャレンジし続けることが生き残りの条件となることだけは確かです。

ALL ABOUT THE RETAIL BUSINESS

3

イオンによる再編で揺れるドラッグストア

イオンが主導するドラッグストア（Ｄｒｇ）の大再編が成立し、売上業界1位ウエルシアＨＤ（売上1兆2173億円）とイオンが出資していた2位ツルハ（売上1兆247億円）が2027年までに経営統合することが決定しています。単純合算で売上2兆2447億円という巨大Ｄｒｇの誕生で、現在の3位マツキヨココカラＨＤ（売上1兆225億円）、4位コスモス薬品（売上9649億円）を圧倒するトップ企業の誕生、として大きなニュースとなりました。ツルハは、アクティビストファンド、オアシスが13％の株式を取得して以降、様々に株主提案を受けていて、ホワイトナイトとして名乗りを上げたイオンの傘下に入ることを選んだ、という話です。

ただ、この大再編劇もこれで完成ではないかもしれません。イオンの出資するＤｒｇ大手、クスリのアオキ（売上4368億円）も、オアシスから株主提案を受けていることから、イオンとの統合が取り沙汰されているのです。仮にその方向で進むとすると、イオンのＤｒｇ事業は、売上２・７兆円弱という圧倒的トップシェアとなり、残る競合が統合しても追いつけない存在になるのです。しかし、業界の覇者は、必ずしもイオンに決まった訳でもないのです。

Ｄｒｇは主に、都市型、郊外型、フード＆ドラッグの３タイプで構成されています。都市型の代表はマツキヨココカラで、首都圏や京阪神の一等地を押さえた上で、各地方の中核的都市に出店しています。郊外型、これが一般的なドラッグストアで、地方のロードサイドから発祥した全国各地の地場Ｄｒｇが合従連衡してでき上がった企業で、ウエルシアもツルハもこのグループになります。変わり種はフード＆ドラッグで、地方ロードサイドの後発組であり、郊外型がある程度浸透した後で、先発組と差別化するために、食品の低価格販売によって集客し、化粧品、医薬品をついで買いさせるモデルです。そして、低価格を維持するため効率性を重視したチェーンストア理論の具現者でもあり、郊外型からシェアを奪うことで成長してきました。郊外型は、その亜種として進化したフード＆ドラッグとの直接対決ではちょっと分が悪いのです。フード＆ドラッグ大手と言えば、コスモス薬品、クスリのアオキ、ゲンキーとなります。

この3タイプの競争は微妙な関係になっていて、都市型と郊外型は相互に相手方のエリアが苦手で、ざっくり都市と郊外で棲み分けている、と言っていいでしょう。郊外型はフード&ドラッグを苦手としていて、単独では戦わず、M&Aによる合従軍を構成して対抗している、と言ってもいいでしょう。フード&ドラッグは、チェーン効率を阻害する異物を増やすM&Aをあまり好みません。また、地代の高い都市部にも出ていきません。これらを総合すると、郊外型は、フード&ドラッグの攻勢に対して統合による合従で対抗していますが、店舗ガチンコでは劣勢気味です。フード&ドラッグは今後も郊外型既存店のシェアを奪って成長を続けることが予想されます。

都市部は、郊外型やフード&ドラッグから攻められにくいため、競争が若干緩やかであり、収益的にも安泰とみられます。そして、郊外型とフード&ドラッグの敗者に対して救済的M&Aを行うことができる、ということになります。まとめると、成長し続けるフード&ドラッグに対抗するために、郊外型は再編と統合を続けざるを得ないということです。つまり、縮小する地方ロードサイドでのシェア競争は、レッドオーシャンの極みだ、ということです。そうなると、郊外の激闘で漁夫の利を得るのは、都市型の勝者であるマツキヨココカラなのかもしれません。業界覇権の行方はまだ決まった訳ではないのです。

ALL ABOUT THE RETAIL BUSINESS

4

ファストリに敗れた、アパレル業界のリスク分散慣行

日本の小売業で最も時価総額が高い企業といえば、アパレル業界最大手、ユニクロ、GUです。誰もが知るファーストリテイリングで、日本企業全体でも6位（2024年10月時点）と屈指の優良企業になっています。総売上3・1兆円、うち1・7兆円は海外ユニクロ事業と、まさにグローバル展開で最も成功した小売業であり、今後、さらなる成長が続くと見込まれる企業です。この成功のベースとなっているのが、製造小売業（SPA）というビジネスモデルであることは、よく知られていると思います。

SPAとは、製造、配送、販売を、自社で構築したサプライチェーンにおいて一気通貫することで、生産性を向上させることにより、コスパの高い製品を持続的に供給してい

く仕組みを備えた小売業ということです。こうした仕組みの何が優れているの？　というのは、既存のアパレルの流通構造との比較がわかりやすいと思います。既存のアパレルにおいての最大の問題点は、百貨店、量販店等大手小売との置き在庫という取引慣行にあったと考えられています。

百貨店の衣料品売場には多様な商品が大量に陳列されていますが、一般的には売場にある商品は、百貨店の在庫ではないのです。どういうこと？　と思われるでしょうが、これはアパレル事業者の在庫であって、売れた時に同時にアパレル➡百貨店➡消費者へと所有権を移転して百貨店の売上計上がされていました。さらに言うと、売場の接客員もアパレル事業者のスタッフであることが大半です。（ちなみに今では会計基準の変更により、売上には計上せず、差益のみを計上するやり方に変わっています。ご興味があれば、「収益認識に関する会計規準」で検索してみてください）要は、小売は在庫リスクを負担せず、陳列場所を提供していたのであり、売残りリスクはアパレル事業者が負っていたということです。

この慣行は、高度成長時代、売場を確保しさえすれば売れたので、アパレルが大手小売に有利な条件を提示して売場の獲得競争をしたことから生まれています。当然、売れ残ればその分はアパレルの損失となるのですが、売上が拡大している局面ではあまり気にしなくてよかった、ということです。しかし、損失は価格にオンされていきますので、過剰生産が増えると価格は高止まりするということでもあります。そして、バブル崩壊以降、右肩下がりの時代になると、売残り損失はどんどん大きくなり、コスパが下がって、さらに売れなくなる、という負のスパイラルが常態化していたのです。こうしたアパレル流通のひずみは、全量買い取り仕入で返品なしが前提のＳＰＡのコスパを際立たせることとなり、ＳＰＡ台頭の背景となりました。

１９９０年代以降、ＩＴ技術の普及があり、ＰＯＳによる販売、在庫状況の即時把握、物流や生産工程の一体管理も可能となりました。また、同じころ、ロードサイド市場が拡大していたことによって、百貨店、スーパーに依存しない出店による成長も可能になっていました。ファストリは、ＳＰＡとして在庫リスクをＩＴにより把握しつつ自社で抱えることで、既存アパレルを圧倒するコスパを実現しました。また、ロードサイドで販売量を拡張することで、売り切る体制も構築して、高い収益を実現しながら、さらにサプライチェーンへの再投資を継続したことが、今につながっています。

在庫リスクを本源的に解決することなく、他社に押し付けることで回避しようとした百貨店、量販店は衰退しました。逆に、リスクに正面から向き合って解決したファストリは、小売業トップの企業価値を生み出しました。その基盤となったのは、ＩＴという技術革新であったと言えるでしょう。技術革新を先んじて取り込み、積極的にリスクを取るものが勝者となる、そんな教訓が、ファストリの歴史から見えてくると思うのです。

ALL ABOUT THE RETAIL BUSINESS

5 アウトドアブームの終焉

コロナ禍の時代に、多くのアパレル企業が大きなダメージを受ける中、最も業績を伸ばしたアパレルのひとつがワークマンだったでしょう。コロナ前の２０１８年３月期にはチェーン総売上７９７億円、経常利益１１８億円であったのですが、直近期２０２４年３月期ではチェーン総売上１７５２億円、経常利益２３６億円と売上、利益ともに２倍以上に成長し、業界でも有数の存在になりました。元々、ロードサイドに展開する作業服、作業関連用品のチェーンでは最大手の存在ではあったのですが、作業服由来の機能性をウリにした、一般客向けのカジュアル製品も豊富に取り揃えたチェーンに変貌し、女性向けファッション中心のワークマン女子業態で、ショッピングモールにも進出していることはご存知の通りかと思います。このような変貌の要因は、ワークマンがアスレジャー市場に空きスペースを発見したことだとされています。

アスレジャーとは、アスレチックとレジャーを組み合わせた造語で、スポーツウエアやトレーニングウエアを日常生活の中で着用するというスタイルを指すとされていますが、これ自体は近年かなり浸透してきていました。ただ、こうした市場の主流は国内外のスポーツブランド（adidas、NIKE等々）が占めていて、機能性は高いが価格もお高いという商品はありましたが、初心者、若年層にとっては手が届きにくいイメージもありました。ワークマンはSNSなどで、機能的な作業服が想定していないユーザーに利用されていることに気付き、安価な作業服を転用して、機能性に優れているが安いアスレジャー商品を投入しました。これらがSNS上でも話題になり、ワークマンの商品ジャンルとしてアスレジャー商品が確立されていきました。

コロナ期には、閉鎖空間での感染を避けるということから、ご存知の通り、アウトドアブームが起きていましたが、このジャンルでもワークマンの機能性素材を活用したアウトドア関連商品は大ヒットしました。アウトドアもアスレジャーの一部に位置付けられますが、ここでもスポーツブランド同様に、アウトドアブランドよりも安くて機能性は十分という商品を開発したことで、注目されるようになりました。当初はワークマン店舗で作業服とアスレジャーを併売。よりカジュアル色を強めた「WORKMAN Plus」や、作業服を扱わず女性向けに特化した「#ワークマン女子」といった新業態を展開することで、ワークマンは急速に消費者に浸透していき、大きな成長を遂げたのです。

このワークマンの変貌は、ポジショニングマップを的確に設定して、そこにスペースを見出すという、絵にかいたような成功事例でした。ワークマンは自社の個人投資家説明資料の中に、アスレジャー市場規模というページを設けて、縦軸を高価格⇕低価格、横軸に機能性⇕デザイン性というポジショニングマップを作って説明していますから、一度、検索してご覧になっていただくと、その考え方がきれいにわかると思います。こうした考え方は、オーナー家一族ながら、大手商社三井物産グループ幹部の経歴が長く、その後、会社に迎えられた土屋専務の存在が大きいようです。外からの俯瞰的な視点が加わることは、企業経営の変革には有効なのだという事例でしょう。

アフターコロナとなり、アウトドアブームは失速し、ワークマンもその反動の影響を受けています。また、ワークマンの業績は踊り場に差し掛かり、「女子」業態も単独では地方展開が難しいとして、ワークマンＣＯＬＯＲＳに統合されました。しかし、会社は、お客様の「声のする方に、進化する」の精神で、少しずつ変化し続けていく、と宣言しています。俯瞰的視点の下、この方針を続けていけば、また新たなスペースを見つけ出すのではないでしょうか。

ALL ABOUT THE RETAIL BUSINESS

6

家具インテリア雑貨の覇者 ニトリの真の勝因

日本の製造小売業といえば何と言っても、海外でも成功して売上3兆円を達成した、ファーストリテイリングということになるのですが、このファストリに次ぐ存在といえば間違いなくニトリということになるでしょう。家具・インテリア雑貨チェーンとして、国内に822店舗、中国をはじめアジア各国にも179店舗を展開、2024年3月期売上は8957億円となっています（小売業10位）。株式時価総額においては、ファストリ、セブン&アイ、イオン、PPIH（既出）に次ぐ5位であり、今や業界屈指の小売業として評価されています。

ニトリといえば、家具インテリア小売業としては、国内では圧倒的な位置付けを確保していて、比較できるライバルは存在しません。家具小売業では、イケア・ジャパン売上９４４億円、東京インテリア同５９４億円はありますが、規模としては１／10以下です。また、家具取扱いのある小売としては、無印の良品計画（家具売上非公表）、大塚家具を吸収したヤマダＨＤ（インテリア売上４３７億円）、家具に強いホームセンターとしてナフコ（３６５億円）、島忠といった企業もありますが、島忠はニトリの傘下企業ですし、他も規模的にはニトリのライバルとは言い難い存在です。

かつて北海道のローカル家具店であったニトリが、ここまで圧倒的な存在になれた理由は、彼らが自称する「製造物流ＩＴ小売業」を実現したことによるのは間違いありません。ざっくり言えば、製造物流ＩＴ小売業とは、オリジナル商品の、自社での製造、物流、販売の各工程をＩＴでコントロールしたサプライチェーンを構築し、その効率性によって実現したコスパで圧倒的な競争力を実現した小売業、ということになります。このあたりについては、各種のニトリ本や関連記事が多数ありますが、まずは「ニトリ　ＩＲ資料室」で検索して、統合報告書をチェックしてみてください。本文では、以下２点だけ、ライバルとの違いを説明したいと思います。

ニトリは、自社企画した製品を海外生産したことでコスパの高い商品を実現したことも重要なのですが、それ以上にすごいのは、家具の「置き在庫」をなくしたことがコスパ実現につながっていることです。家具は単価も高く、売れる頻度も低く、置いておく場所もとるので、売場に並べるだけでもけっこうコストがかかります。一般的な家具屋に置いてある在庫は、家具屋の在庫ではなく、問屋が在庫負担して売場に置いている「置き在庫」が普通でした。そして、売れた時に、問屋➡家具屋➡消費者という所有権移転が同時に起こった、ということにしていました。（この構造はアパレルとベースは同じです）そうしないと、いつ売れるかわからない商品を、資金力に乏しい小売店が仕入れられなかったからです。

しかし、この取引形態は、問屋に高いリスク（倒産リスク、返品リスクなど）と、在庫コスト（金利負担、物流コストなど）の負担が発生しますので、かなりのリスク料金が価格にオンされていました。それらのリスク、コストを物流効率化とITによって削減し、価格に還元したため、ニトリ商品は「お、ねだん以上」と公言できるのです。

もうひとつ、重要なポイントは、ニトリの1階売場にあります。ニトリは1階に、インテリアだけではなく、キッチン、バス、トイレタリー、寝具関連など、家の中で使うあらゆる雑貨類を、色彩にも統一感のある自社製品でコスパ高く取り揃えました。これにより、ニトリへの女性客の来店頻度は月に数回程度となりました。このことで、年に数回しか行く用のないライバル家具店は、家具購入の際の選択肢に入らなくなったのです。あまり知られていませんが、ニトリが圧倒的なシェアになった根源は、この来店頻度がミソだったのです。

ALL ABOUT THE RETAIL BUSINESS COLUMN

カジュアル雑貨市場の争奪戦　異業種入り乱れた行方は

無印が作り出した、シンプルかつ機能性の高いカジュアル雑貨を、コスパよく供給しようとするライバルが相次いで参入し、着実に成長し始めています。ニトリのデコホーム、パルの3COINS、大創産業のStandard Productsなどは、無印の世界観を取り除き、コスパをアピールした商品群を開発し、より低価格帯のニーズを取り込み始めました。なかでも、ニトリの商品開発は年季が入っています。ニトリは、コスパの高い家庭用雑貨を店舗の1階に取り揃えることで、高い競争力を生み出しました。しかし、少し前までは、無印、ニトリが直接対決することはほとんどありませんでした。無印は大都市の商業施設を中心としており、ニトリは地方ロードサイド中心だったからです。しかし、ロードサイドを制覇したニトリは、大都市の商業施設にもデコホームを出店加速し始めたため、今では両社は競合関係となりつつあります。

3COINSやStandard Productsといった均一価格ショップ由来の業態も、

価格帯を多様化することで商品の品質を改善して、無印の範疇に近づきつつあります。そもそも、均一価格ショップは、円高と海外の安い生産コストを背景に、コスパの高い商品を開発してきました。しかし海外生産コストは上昇し続けており、為替も円安へと転換、均一価格の維持は時間の問題だったのです。コロナ禍を経ると、円安と原材料価格の上昇が本格化、均一価格ショップが均一価格を維持することは困難になっています。ただこうした環境変化は、結果的には均一価格ショップを価格のキャップから解放し、無印に近いポジションに拡張しつつあるということです。

無印も、より幅広い顧客層に向けてアピールしようと、大型スーパーとの共同出店を進めていますが、低価格業態との親和性は未だ実験途上のように見えます。ただ、多様な廉価版業態の参入は、リーズナブル生活雑貨の選択肢の充実につながり、消費者には悪い話ではなさそうです。

図　企業価値の高い小売業は今や大半が専門店チェーン

NO.	企業名	主な屋号	主な業態	時価総額
1	ファーストリテイリング	ユニクロ、GU	カジュアルアパレル	144,695
2	セブン&アイ	セブンイレブン	総合流通	55,841
3	イオン	イオン	総合流通	32,121
4	パン・パシフィック・インターナショナルHD	ドン・キホーテ	ディスカウントストア	25,265
5	ニトリHD	ニトリ	家具インテリア雑貨	17,755
6	ZOZO	ZOZO　TOWN	ECアパレル	14,077
7	良品計画	無印良品	生活雑貨アパレル	11,099
8	マツキヨココカラ&カンパニー	マツモトキヨシ、ココカラファイン	ドラッグストア	9,489
9	三越伊勢丹HD	伊勢丹、三越	百貨店	8,710
10	エービーシー・マート	ABCマート	靴小売	7,125
11	しまむら	しまむら	カジュアルアパレル	6,342
12	コスモス薬品	コスモス薬品	ドラッグストア	5,634
13	丸井グループ	マルイ	商業施設経営	5,405
14	Jフロントリテイリング	大丸、松坂屋	百貨店	5,270
15	スギHD	スギ薬局	ドラッグストア	5,132
16	サンドラッグ	サンドラッグ、ダイレックス	ドラッグストア	4,922
17	ウエルシアHD	ウエルシア薬局	ドラッグストア	4,650
18	ツルハHD	ツルハ	ドラッグストア	4547
19	ヤマダHD	ヤマダデンキ	家電量販店	4,167
20	高島屋	高島屋	百貨店	4,035
21	ヤオコー	ヤオコー	食品スーパー	3,863
22	ワークマン	ワークマン	作業服、アパレル雑貨	3,294
23	クスリのアオキHD	クスリのアオキ	ドラッグストア	3,281
24	ビックカメラ	ビックカメラ、コジマ	家電量販店	3,005
25	パルグループHD	3COINS、ナイスクラップ他多数	300円ショップ、アパレル	2,859
26	H2Oリテイリング	阪急阪神百貨店、関西フードマーケット	百貨店、食品スーパー	2,836
27	ケーズHD	ケーズデンキ	家電量販店	2,660
28	ノジマ	NOJIMA	家電量販店	2,548
29	トライアルHD	トライアル	ディスカウントストア	2,216
30	イズミ	ゆめタウン、ゆめマート	総合スーパー	2,198

（注1）東証終値にて作成　　　　億円以下四捨五入
（注2）網掛けは総合スーパー、百貨店運営会社

第5章

ネットスーパーから学ぶECの世界

Chapter 5 :

Learning from Online Grocery Shopping:

Electronic Commerce

ALL ABOUT THE RETAIL BUSINESS

1 日本のEC化率はたった10%程度!?

突然ですがクイズです。日本のEC化率は何パーセントでしょうか？　ここでは食品や書籍や日用雑貨をはじめとした物販について考えてみてください。ご自身の普段の生活を思い描きながら、直感で結構です。

経済産業省の調査によると、答えは9・38%（2023年度調べ）です。

「え？　たったそれだけ？」と思われたかもしれません。普段の買い物を振り返りながら思い描いた答えが、50%や60%以上という方、あるいは20%程度とお答えになった方もいらっしゃるでしょう。ただ1桁と思った方は少ないのではないかと思います。

このEC化率クイズは、講演やディスカッションの際の私の鉄板ネタの一つです。これほど生活実感を裏切る数字はありません。ただ、客観的に生活を振り返る上で、この問いは多くのことを教えてくれます。

イメージと客観的な数字が異なる一つ目の大きな理由は、「食品がＥＣ化していないから」です。いつも、書籍や衣料品、市販薬をオンラインでよく購入される方もいらっしゃるかもしれません。実際、書籍はすでに53％、生活家電や家電製品も43％ＥＣ化しています。でも、普段の食生活はどうでしょうか？　さすがに日々の食生活のほとんどをＥＣで購入する方はまだ多くありません。日々の食品市場はおよそ65兆円ありますが、そのうちまだたったの４・３％、２・９兆円しか食品はＥＣ化していないのです。

そもそもＥＣには、オンラインで買うのになじむ商品となじみにくい商品があります。ＥＣ化しやすいものの特徴は、汎用的な商品、なおかつ購買頻度が低い商品です。先ほどの書籍や生活家電は、実店舗で現物を目で見て買っても、事前情報を検索してオンラインで買っても、買う前の想像を裏切らないものです。一方で、個別性の高いものはＥＣで売るのにかなり工夫が必要です。ＥＣより実店舗で買うのが好まれるのが食品、生鮮食品です。

そしてもう1点、客観的な数字とイメージが異なる理由は地域差です。冒頭のクイズで50％以上と思われた方は、首都圏や大都市圏にお住まいの方でしょう。また20％くらいをイメージされたとしたら、地方・郊外にお住まいの方かもしれません。

ＥＣ販売額は２０２３年度実績で14・６兆円あります。このエリア別シェアを、家計消費状況調査などで試算すると、このうち首都圏での取引額が40％超、続いて関西圏で30％程度、残りの30％ほどが九州や中四国などその他のエリアになりました。つまり、ＥＣはそもそも首都圏や大都市圏の生活にフィットしたもので、地方や郊外の生活では実店舗が利用される傾向にあります。

では、なぜ都市と地方でそんなに大きな違いが出るのでしょうか？　もっともシンプルかつ強力な答えは、買い物習慣の違いです。特に地方郊外の生活では、「生活導線であるロードサイドに店舗があって、自動車で買い物できるから」だと考えています。共働きで買い物を担う女性や男性は、そもそも生活に必須な軽自動車という機動力を持っています。そしていつものパート勤めや通勤途上のロードサイドに出れば、そこにはドラッグストアやスーパー、そのほかの専門店が充実しています。品揃えも充実して価格競争力もあります。ＥＣで頼むと数日～数週間待つ必要がありますが、即、ワンストップショッピングができる実店舗のほうが便利です。

さて、ここまでのお話で「コロナをきっかけにネットスーパーを使い始めたし、ＥＣ化が進んだのでは？」と思われた方もいらっしゃるかもしれません。ではコロナがもたらしたものは何だったのでしょうか？　それがこの続きのお話になります。

ALL ABOUT THE RETAIL BUSINESS

2

コロナ下でも伸びが緩やかだったEC化

２０１９年12月に端を発するコロナ禍では、人々が外出を避け、在宅で人との接触を避けるステイ・ホーム生活を余儀なくされました。この間、人々の生活を支えたのが、オンラインによる買い物でした。

コロナ前の２０１９年と日本で第８波を迎えていた２０２２年のＥＣ化率を経済産業省「電子商取引に関する市場調査」で比較すると、６・67％から９・13％とおよそ＋２・４％、幅広いカテゴリーでＥＣ利用が進み、金額ベースでも＋３・０兆円と大きく伸びました。

ただ、海外と比べるとどうでしょうか。同じく経済産業省資料によると、米国では同じ期間にEC化率は+3・8%増えて14・8%となりました。欧州は+5・1%増で15・2%、さらに中国は+7・5%増で28・2%となったことと比較すると、日本での変化はかなり穏やかなものだったかもしれません。背景には、日本は海外ほど厳しいロックダウンや外出禁止がなかったことが考えられるでしょう。特に消費者の日々の買い物には、さまざまな苦難は抱えながらも、相対的に実店舗が食品の提供インフラとして機能していました。

では、このコロナがECにもたらした変化にはどのようなものがあったのでしょうか？それは、「リアルが提供していた体験価値を、テクノロジーで伝えるチャレンジが加速したこと」だったと考えています。それを読み解くヒントは、過去にオンライン販売が進みそうで進まなかった2つの商品カテゴリーにあります。それは、アパレル関連と化粧品です。

アパレルも化粧品も、体験してみないとその良さがわかりません。しかし、コロナ禍では百貨店や大規模店舗は閉鎖され、残る店頭でも接客は禁止で、化粧品のテスターも一時期撤去されてしまいました。そこで百貨店や化粧品会社は、購買層に新たな価値を伝えられるオンライン販売への転換を目指したのでした。

そんな中、百貨店の三越伊勢丹は、オンライン接客に取り組みました。百貨店の店員が、なじみのお客様の自宅とZOOMをつなぎます。ZOOMで、時にはお客様のクローゼットを見せてもらいながらコーディネートが提案できるので、来店時よりも体験価値が上がったそうです。これは、ハイテクを駆使したものというより地道な取り組みです。生活が変わったことを契機に、接客力と顧客との信頼性という強みとオンラインの掛け算で体験価値を向上させようとしたチャレンジでした。


一方で、テクノロジーを自ら開発して体験価値を新たにしようとしたのは化粧品会社でした。花王が、スマートフォンのインカメラで自分の顔をうつすと、化粧をした顔が表現されるCOFFmi Checkerをリリースしました（2024年6月で当ブランドは終了）。スタートアップやECプラットフォーマーなど、他社でもいくつか同様の取り組みが続きました。それまでの化粧品ECは、価値が伝わりづらいため、ブランド指定のリピート販売が中心でした。しかし、新規の購買層を掘り起こすチャレンジへと転換したタイミングだったと言えるでしょう。

こうした取り組みは一定の成果を挙げ、需要者層の広がりは得られたようです。ただ、その後の展開を見ると、非連続的な変化をもたらすまでには至っていないようです。コロナは、消費者の購買習慣をすっかり変えてしまう出来事だったというよりも、むしろ事業者側が来るべき変化を見越して備えようとした時期だったのでしょう。ネットで売りづらいモノの体験価値を伝える。こうしたチャレンジはオンラインとオフラインなど多様なニーズに応えるために、現在も続きます。

さてそれでは、最も体験価値を伝えづらい食品をオンラインで売るチャレンジは、どのような帰すうをたどっているのでしょうか？　ネットスーパーを代表する各社の戦いについてはこの次の節で触れたいと思います。

ALL ABOUT THE RETAIL BUSINESS

3

黒字化モデルは見えてきた？まだ進化するネットスーパー

かなり長い間、「ネットスーパーは難しい、儲からない」と言われ続けてきました。しかし近年、黒字化する企業も現れています。損益を明らかにしない企業が多い中、大手食品スーパーの西友は、２０２４年8月のプレスリリースの中で「店舗型ネットスーパーは、現時点で全店で黒字化を達成」していると表明しました。ネットスーパーの世界では何が起きているのでしょうか。

実は、リアル店舗で買い物がしづらくなったコロナ禍は、食品ＥＣが拡大する機会になりました。米国や中国のような非連続的な拡大とまではいきませんでしたが、巣ごもり消費は購買層に広がりをもたらしたのです。

まず、新たな利用者層として、高齢者がネットスーパーを利用し始めたのが大きな出来事でした。いや、あえて言うなら、「利用できるようになった」と思わせる興味深いお話を、あるスーパーで伺いました。ステイ・ホームで家族と過ごす時間が長くなったことで、家族からスマホの使い方を教えてもらったり、遠く離れた都会に住む子どもたちと連絡を取るためにスマホを使えるようになったりした高齢が多くいたそうです。そうしてITリテラシーの課題を解決した高齢者が、食品ECの利用者としても現れたのでした。

では、メイン顧客である40代共働き世帯や若年層にとっては、何が利用上の課題だったのでしょうか？　価格や送料にまつわるコスト、配送サービスの質は常に問題になりますが、実は、買い物をする上での基本的なことが1つあります。それは、〝モノに対する信頼性〟を獲得することでした。

とくに生鮮食品を選ぶ際には、ひとつひとつの商品を手に取ってみないとそれぞれの良し悪しがわかりません。しかしネットではそれができません。ネットスーパーで送られてきた生鮮品が傷んでいたり、満足できない大きさだったりすると残念な気持ちになり、もう日常使いしたくなくなります。スーパー側にとっても、結局、「月に1、2回、重たい水とコメだけ送ってもらえばいいや」とお客さんに思われると大変です。粗利が低いものしか売れず、まして購買頻度が下がってしまうと、非効率で物流コスト割れしてしまいます。普段使いで、利益が出る総菜などもしっかり買ってもらえることが収益化のカギです。

この問題をクリアしたネットスーパーが取り組んだのは、まさに「信頼」の獲得であり、

「ブランド」の確立でした。冒頭の西友は「品質と鮮度へのこだわり」を掲げていますが、こうした取り組みの中からユーザーの信頼を勝ち得たのではないでしょうか。また近年では、イオンが２０２３年７月にサービスインしたネットスーパー Green Beans（グリーンビーンズ）もReliability〝安心〟を掲げています。同社によると、農産品の鮮度保障のために、運営するイオンネクストは、産地から個別のお宅までエンドツーエンドで直接つなぐサプライチェーンを再構築したそうです。とりわけ、ＥＣを店頭販売の延長ではなく、新たな事業創造のチャンスとして位置付け、リアルではできなかった新しいことへの挑戦として、ネットスーパーをさらに進化させようとしています。

コロナを経て、ネットスーパーに取り組む食品スーパー企業はさらに増えてきています。背景には日本の社会構造変化があり、短期的には都市で共働き世帯が増加し、中長期的にはスマホ慣れした世代が高齢者になります。すると今後一層、ネットスーパーのニーズが高まると考えられるからです。

足元では、コロナ明けでリアル回帰が起こっています。未来を見据えたネットスーパーのチャレンジは続きますが、ここで優位性を築き上げた企業が10年、20年先の流通のインフラを支える企業になるのです。

ALL ABOUT THE RETAIL BUSINESS

4

挑戦が続くクイックコマース

アフターコロナに向けた2020年以降、成長を期待され、投資を集めたスタートアップの一つに、ウルトラファスト・コマース、いわゆるクイックコマースがありました。コロナ禍の外出抑制をきっかけに、世界では新たなビジネスモデル、業態が誕生したのです。

おおまかなビジネスモデルはこうです。通常、事業者は「ダークストア」と呼ばれる小型の物流拠点を都市部に複数設置します。これは在庫管理と配送に特化していて、お客さんが立ち入ることはできません。まずスマートフォンアプリを経由して顧客から注文を受け付けると、最寄りのダークストアに情報が飛び、そこで商品をピッキングします。次に配送ですが、自転車やバイクを使用して、短距離・少量配送で通常15分程度での配達を目指します。ここは主にギグワーカーと呼ばれる個人事業主が担います。

このビジネスモデルの成功のカギは、小規模な倉庫を多数設置することで、配送時間の短縮と効率化をいかに図れるかです。また需要予測や在庫の適正化、配送ルートの最適化など、テクノロジーを活用することで回転率を高め、効率化してゆくことが重要になります。都市部の高い賃料を抱えながら、オペレーション効率化と在庫回転率の向上で黒字化を目指す、難易度の高いビジネスと言えるでしょう。

Uberの他にも、グローバルでは急成長した企業が数多くあります。ドイツのDeliverly HERO、米国のDoor Dash、トルコのGetirなどが２０２０年を機に世界展開を加速化させました。特にドイツのユーザー調査トップのFlinkは、創業からたった2年で欧州60都市で展開し、約１０００万人のユーザーを抱えるまでに成長しました。米国のDoorDashも、フードデリバリーからクイックコマースを手掛け、２０２２年には約80億ドルでフィンランドの食品配達企業Woltを買収し、米国外で28カ国に展開を果たしています。

ただし、グローバルでは急成長したクイックコマースですが、日本ではどうでしょうか？　先ほど名前を挙げたグローバルプレーヤーは、相次いで日本市場から撤退しています。フードデリバリーは定着しましたが、それ以外の日用品を含むクイックコマースはあまり利用が広がっていません。

理由は、利用者にとっては、節約志向が根強い日本では、日常使いには手数料などが割高になり嫌気されることのほか、運営側にとっては、ギグワーカーが海外ほど多くないためコスト高なスタッフで運営せざるを得ないことが挙げられます。必然的に、効率運営を進めても、クイックコマース単独での黒字化のハードルが高かったのでしょう。

さらに、日本特有の理由が他にもあります。それは、コンビニエンスストアの存在です。「近くて便利」のスローガンが象徴的ですが、コンビニの設定商圏は、徒歩10分でたどり着ける半径500mです。サンダルを履いて出かけてしまえばウルトラファストデリバリーよりもファストな買い物が実現します。手数料もかからず、ワンストップで短時間の買い物ができます。日本でのクイックコマースには、既存の流通事業者が提供していた利便性を超えるメリット、真のニーズを見極める必要があります。

近年、店舗小売事業者がこの分野に力を入れ始めました。セブンイレブンの7NOWをはじめ、ローソンはKDDI・三菱商事との提携の未来像の中で、通信とITと小売の融合から店舗からの15分配送モデルを目指します。また、2024年8月、LINEヤフーは出前館の運営する配送システムと、提携する各地の小売店とともに最短30分での即配事業の全国展開を目指すと公表しました。従来のダークストアを閉鎖して、ビジネスモデルを刷新するのです。期待が膨らみすぎた一時期を過ぎて、真のニーズと継続可能なビジネスモデルを落ち着いて模索する時期に来ているようです。

ALL ABOUT THE RETAIL BUSINESS

5 デジタルによるリアルの追究が拓くビジネスチャンス

２０２４年9月に経済産業省から公表されたデータによると、２０２３年度のＥＣ化率は９・38％と前年比＋０・25％でした。過去5年平均では毎年＋０・６％ほど伸びていることを考えると、少々伸び悩んでいます。これは、リアル回帰が進む中でＥＣがそのポテンシャルを活かしきれていないからに思えます。

ＥＣ化を進めるポイントはやはり、体験をいかにデジタルで再現または超えられるか。そしてそれをいかにビジネスモデル化しうるかが、ポテンシャルを開くカギではないでしょうか。ここでは各社の取り組みをご紹介します。

まず、最もオンライン化が進みにくい食品の分野はどうでしょうか。ちなみに経済産業省の資料によると食品分野のＥＣ化率は23年度で４・29％にとどまります。

ネットスーパー利用上の課題は、ユーザーの体験価値です。スマホの注文画面からでは、注文し慣れた定番品になりがちで、買い物が作業化し、楽しみもありません。ネットスーパーの利用が進んだ段階で、リアルのお店で「棚が提案してくれること」が、価値として見直されたのかもしれません。先ほどのコロナ禍以降の西友やそのほかのネットスーパーでも、スマートフォンアプリを使って、店舗の棚を見て回るように買い物が楽しめるような工夫が進んでいます。オンラインとオフラインとの融合をＯＭＯ（Online Mergers with Offline）と表現しますが、リアルの良さをデジタルで再現しようとする努力を各社競っています。

次に、リアルな体験が購入の決め手になる家具はどうでしょう。

家具やインテリアをＥＣで買う課題は、やはりサイズとイメージ合わせです。サイズがわからず、店頭で購入をあきらめた人や、結局家に設置すると期待外れで満足できなかった人は日本デザインプランナー協会調べでは約40％にも上るようです。

しかし拡張現実（ＡＲ）アプリを使えば、部屋に試し置きシミュレーションすることで、イメージやサイズ感を試すことができます。こうしたアプリは、ＡＲの開発キットが出回り始めた２０１７年ごろから開発が進みました。さらに２０２５年1月、米半導体大手Nvidiaが小売業界向け「ＡＩブループリント」を発表し、Omniverseプラットフォームで商品を物理的に正確に3Ｄ可視化することを謳っています。生成ＡＩの登場で、ネットでの購買体験がよりリアルに近づくのかもしれません。

そして物販に閉じた話ではありませんが、デジタルとリアルとが統合してひとつの世界になったメタバースに触れないわけにはいきません。RobloxやFortniteに代表されるメタバースプラットフォームが有名ですが、アバターを介してデジタル空間にアクセスし、そこでコミュニケーションや経済活動を行います。企業のPR活動だけでなく、この空間も新たな現実として、企業はユーザーがそこで過ごす際の自己表現の手段を提供・販売し、実際にお金を得ることができます。その点、アパレルやラグジュアリー企業との親和性が高いものと言えるでしょう。

海外企業では、ラグジュアリーブランドのGucciやLouis VuittonがRoblox上で独自の展示やゲームを展開したことが話題になりました。日本企業でも、特にBEAMSは「メタバースでもセレクトショップとしての歩みを進めたい」という思いを持っています。世界最大級のメタバースイベントである「バーチャルマーケット」に過去6回出店し、2024年5月にはソーシャルVRプラットフォーム上に常設ワールと「Tokyo Mood by BEAMS」を公開しました。新たな現実空間としてのメタバースでいかにビジネスを展開するか、模索が続いています。

ALL ABOUT THE RETAIL BUSINESS

6

越境ECはチャンスかリスクか

近年、ECによって海外への市場アクセスが容易になり、規模も拡大しています。プラットフォーマーを利用して販売するケースが一般的で、これをB2B2C型と表現します。米国ではAmazon.comやE-Bay、中国では天猫国際（Tmall Global）、京東国際（JD Worldwide）、ASEANではShopee、日本でもメルカリの「メルカリShops」などが、越境販売をサポートしてくれます。

この越境ECをチャンスにするためには、コスト構造を精緻にモニタリングしつつ、何よりマーケティングを最適化して、付加価値の取れるビジネスにしなければいけません。

関税・消費税・付加価値税の他にも、越境ECに特徴的な費用項目として挙げられるコストとして、まず国際配送コスト（一般的にはEMSと呼ばれる航空便）、倉庫費用（保税区の倉庫や、プラットフォーマーの配送施設の利用料）、プラットフォーマー手数料（販売額に対する料率）、モール内での広告費（クリック型課金やインプレッション型課金）があります。他に決済手数料と、為替リスクも忘れてはいけません。さらにモール内での価格競争の激しい中国では、値引きを見越したマーケティング費用も必要です。

収益確保に向け、中国向けでしばしば用いられる保税区モデル（中国の倉庫でまとめて商品を保管し、注文・出荷するまで課税が猶予される方式）では、まとまった量を送ることで物流費や広告費を分散させ、コスト削減ができます。中には、日本国内で商品を卸す取引のみで、在庫リスクや物流コストまでプラットフォーマー側が負うスキームもあります。これを一般貿易型、あるいはＢ２Ｂ２Ｂ２Ｃモデル（メーカー・小売➡国内一次卸先➡輸入者・ＥＣ事業者➡消費者）と言います。

一方、越境ＥＣのリスク面ではどうでしょうか？

ここまで、日本から海外に売る方のお話でしたが、次は逆で、日本が輸入する方のお話です。これを執筆している２０２４年は、実は輸入サイドの越境ＥＣが大激動の年だったのではないでしょうか。中国から安価な商品がＥＣを経由して大挙して輸入されて、国内のメーカーや小売店が予期せぬ競合にさらされているのかもしれません。

経済産業省の資料では、２０２３年時点で中国から日本への越境ＥＣ輸入額はたったの４４０億円でした。越境ＥＣで輸入する金額が低かったのは、日本はで国内に化粧品・

日用品から家電、自動車まであらゆる製造業が昔から育っていたからです。わざわざ個人が越境ＥＣで購入する必要はありませんでした。しかし、日本のインフレ環境で、価格の安さを武器にして、Ｔｅｍｕ《テム》やＳＨＥＩＮ《シーイン》など、中国発の格安ＥＣが急激に成長してきました。Ｔｅｍｕは２０２２年９月に米国進出し、会社側は詳細な情報開示はしていませんが、２０２４年２月時点で月間利用者数が約７０００万人へ拡大したという報道があります。日本でもＳＮＳを中心にプロモーション活動が活発で、頻繁に広告を目にするようになりました。米国と同様、日本での販売額も非公開で不明ですが、米国での急激な成長をベンチマークすると、日本の２０２４年の販売額は数千億円規模に達している可能性すらあります。ＴｅｍｕもＳＨＥＩＮも、ビジネスモデルには特徴があります。Ｔｅｍｕは、「ホワイトブランド」（いわゆるノーブランド企業）との「工場直接取引」を武器に、価格を押さえています。またデータを駆使して、短サイクルでＰＤＣＡを回します。その上で、売れそうな商品を察知してメーカーと協業して一気にヒットに押し上げていきます。ＳＨＥＩＮについては生成ＡＩのパートで少し触れますが、テクノロジーと産地とのつながりで、独自のファストファッションを作り上げました。

インフレを契機に、日本産業は新たなビジネスモデルとの競争に投げ込まれました。越境ＥＣは玄関口だった。そう理解すべきなのかもしれません。

ALL ABOUT THE RETAIL BUSINESS COLUMN

ネットスーパーの物流の仕組み

ネットスーパーを展開する上で、収益性と顧客満足に直結する物流の仕組みは差別化要因そのものです。それには主に「店舗出荷型」と「倉庫出荷型」の2つの方式があります。それぞれの特徴と代表的な企業について簡単にご紹介します。

店舗出荷型は、実際の店舗から商品をピッキングして配送する方式です。既存の店舗インフラを活用できるため、比較的低コストで事業を開始できます。また、店舗の商品をそのまま活用できるため、鮮度の高い商品を提供しやすいという利点があります。一方で、配送エリアが店舗の商圏に限定されるため、その分当日配送には比較的強いですが、事業としてのサービス拡大には多くの店舗が必要となります。西友は「物流距離を短くし、倉庫の稼働率を上げれば黒字になる」という経営の考えから、店舗出荷型を運営しています。

倉庫出荷型は、都市近郊のネットスーパー専用の物流センターから商品をピッキングして配送する方式です。これはNFC（ネイバーフッド・フルフィルメント・センター）としばしば称されます。

大規模な初期投資が必要になりますが、AIやロボットを活用した効率的なオペレーションが可能です。例えば、イオンネクストが運営する「Green Beans」のNFCには、ピッキングロボットが1000台以上配備されており、約6分で50商品のピッキングが可能です。英国のネットスーパーを発祥とするテクノロジー企業Ocado Solutionsからグローバルのノウハウを導入しています。

ほかにも各社ネットスーパーに取り組んでいますが、AIによる配送ルートの最適化や、ダイナミックプライシング（テクノロジーを用いた価格の変動制）による配送料の決定など、配送効率を上げるための施策に取り組んでいます。

各社は物流への戦略的投資を行い、サービスの拡大と効率化を図っています。今後も消費者ニーズの変化に合わせて、ネットスーパーの物流システムはさらに進化していくと考えられます。

第6章

インバウンド需要から学ぶアウトバウンドビジネスの世界

Chapter 6 :
Learning from Inbound Demand:
Outbound Business

ALL ABOUT THE RETAIL BUSINESS

1

インバウンドは日本を代表する〝輸出産業〟

訪日外国人消費をはじめとする観光は、「成長戦略の柱」で「地域活性化の切り札」と称され、今や日本経済を牽引する分野にまで成長しました。ここではその背景やインパクトを見ていきましょう。まず、インバウンド市場の存在感を2つの側面から表現したいと思います。

1つ目は、日本の代表的な〝輸出産業〟だ、ということです。今や、2024年の国土交通省によるインバウンド消費動向調査では、訪日外国人旅行消費額は約8・1兆円、そのうち物販によるモノ消費が約2・4兆円、その他宿泊やレジャー、外食などのコト消費が約5・7兆円と、日本の主要な輸出品目に成長しています。2024年の貿易統計から輸出品目で比較しても、1位は不動の自動車で約17兆円、2位は半導体等電子部品で6兆円です。生成ＡＩブームを契機に、国内でも半導体関連産業の成長がさらに期待されていますが、足元でのインバウンド市場の規模は実はそれと匹敵する規模も成長力秘めています。ここで、〝輸出産業〟と表現しましたが、海外からの旅行者は非居住者で、非居住者に対する販売（＝海外への販売）なので輸出になるわけです。輸出ですので、円安では販売が増加する（旅行者にとっては現地通貨建てでは同じ予算額でも日本で使える金額が増加する）効果が期待されます。

２つ目としては、経済的インパクトを人口面からとらえることもできます。これから日本は、人口減少とそれに伴う需要不足が避けられません。ただ、観光立国推進閣僚会議の資料にもありますが、もし訪日外国人を約８・８人誘致できれば、２０２４年の平均旅行支出が一人当たり22・７万円なので、日本人の消費額（一人あたり年間消費額２２０万円）と同じになります。言い換えれば、政府目標の通り６０００万人誘致できれば、定住人口で約７００万人人口を増やすのと同じ効果があるのです。こうした外国人旅行者が都市から地方にまで回遊しておカネを落とせば、持続的な観光地域作りや高付加価値な観光産業を再生し、地域を活性化させるきっかけとなると期待されています。すなわち、人口減少から経済規模が小さくなることが予見されている日本にとって、真水でおカネを稼ぐ大事なコンテンツなのです。

小売ビジネスにとっては、観光庁が発刊しているインバウンド消費動向調査の「買い物代」が、直接的には関係する市場となります。

国土交通省の資料によると、２０１４年の消費税免税制度拡充と中国人観光客向けのビザ緩和を受けて、２００３年にはたった５００万人だった訪日客は、２０１４年に１０００万人、翌年の２０１５年に２０００万人に急成長しました。中国人旅行者による爆買いがメディアで話題となったのがこの頃で、一人当たりの買い物代単価は７・３万円、買い物代総額は１・４兆円でした。団体客の爆買いに沸いた２０１５年、三越伊勢丹ＨＤの決算資料によると、富裕層客を中心とした都心の三越銀座店では単館売り上げの25％を免税販売が占めました。

ただし、爆買いから10年経過し、モノ消費からコト消費化というキーワードの通り市場はすっかり変化しました。前出の統計でみても、２０２４年の一人当たり旅行支出は22・7万円と２０１５年当時より約５万円増えましたが、そこに占める買い物代は６・６万円と、逆に１万円も減少しています。

変化のきっかけは、中国人旅行者が団体客から個人客に変わったこと。また中国のみならず、台湾など年に何回も訪日してくれるリピート客が増えたこと。こうして消費行動が成熟化してきたことで、日本ならではの体験を重視する市場に変わってきたことが挙げられます。デジタル化で旅行者の情報武装が進み、旅マエ、旅中、旅アトを通じた体験価値への期待値が上がってもいます。小売ビジネスにとっても、ビジネスチャンスとしていくためには、体験価値を自ら創出していけるよう変化対応することが必要です。

ALL ABOUT THE RETAIL BUSINESS

2

免税販売の光と影

成長戦略の柱と称されるインバウンド需要の取り込みは、免税販売が可能であることで購買を促し、市場を拡大させてきました。しかし、この免税販売の振興には、前向きな光の部分と戦うべき闇の部分の両面があります。ここでは簡単に仕組みのおさらいも含めて考えていきましょう。

まず免税には大きく2種類あります。ひとつはタックスフリー（消費税免税）で、もうひとつはデューティーフリー（消費税の他、関税や酒税、たばこ税なども免税）です。タックスフリーは街中のコンビニやドラッグストアで看板をよく見かけるようになりました。これは旅行者中心に、非居住者向けの制度です。一方で、デューティーフリーを街中で見かけることは、基本的にありません。デューティーフリーは空港の制限エリア内、つまり日本を出国した状態の区域内でのビジネスです。

インバウンド消費の買い物代は、一般に消費税免税販売した金額を指しますので、消費税免税について触れていきましょう。

そもそも消費税免税ですが、なぜ免税になるのでしょうか？　理由は、購入したお土産品を海外にそのまま持ち出すのであれば、輸出と変わらないからです。消費税は国内で消費するものにかける税なので、日本で使用しないなら課税する必要はないという理屈です。税金が払われない商品が国内に流通する事態をいかに避けるか？　国税当局は神経をとがらせ、手続きが定められています。消費税法に定める「輸出物品販売場」の許可を受けた免税店で、非居住者に対して、通常の生活の用に供される物品（一般物品、消耗品）の販売という条件があります。また金額でも一般物品（家電製品、時計、カバン・靴、民芸品など）は、同じ人に対し、同じ店舗で一日５千円以上の場合、消耗品（食品、化粧品、医薬品など）は同じ人、同じ店舗で一日５千円以上、50万円以下という定めがあります。

この免税店ですが、ビジネスチャンスが大きい三大都市圏では、かなり普及しました。観光庁によると、２０１４年４月に約１万８千店あった免税店は、２０２４年３月末には３倍以上の約５万９千店に増えました。現状は、三大都市圏で店舗の約６割超、買い物代でも８割を占めています。都市部で高額消費が多いことを踏まえても、地方での需要取りこぼしはありそうです。また今後、インバウンド客が成熟化し、新たな日本の魅力を発見して地方へ回遊してゆくので、地方の免税店にはまだまだ伸び代があるはずです。

さて、インバウンド振興に向けて、観光庁は2025年の税制改正で、消費税免税制度については上限撤廃や事務負担軽減を要望し、閣議決定されました。また、インバウンド客に対してリファンド方式（店舗では消費税を含むお金を支払い、出国時に現物確認と申請に基づいて消費税分を返金）に変更されます。これは、小売業にとってのインバウンド需要は転売ヤーとの闘いだったという面を物語ります。

令和6年度の税制改正の検討資料で明らかになりましたが、1億円以上免税品を購入したインバウンド客が、実に374人で合計1700億円に上りました。調査で判明しただけでも、中堅企業1社分ほどの額です。税関の調査では、商品を間違いなく海外に持ち出したのは一人だけで、残りは国内で転売していた可能性が高かったそうです。

しかも当時、「転売ヤーがポイントを貯めていた。つまり会社の販促費が、彼らが国内外で安売りする原資になっている」という笑えない状況も聞いたことがあります。案外、私たちがネットで買い物するときに、不自然に安い商品があったら、それは転売品だったかもしれません。新たな需要を生むはずのインバウンドですが、本当のチャンスにするには不正との戦いという側面もあったのです。

ALL ABOUT THE RETAIL BUSINESS

3

勝ち組チャネルの栄枯盛衰

インバウンドをビジネスチャンスにできている小売業態、チャネルには栄枯盛衰のトレンドがあります。それをざっくり「成熟化につれた変化」などと表現されてしまいがちですが、ここではトレンドとその背景を押さえ、新たなビジネスチャンスをつかむヒントを考えましょう。

まず、インバウンド市場が立ち上がった２０１５年と２０２４年上期までのインバウンド消費動向調査「利用した買い物場所」アンケートを比較すると、訪日外国人から選ばれるチャネルには変化が見られます。

利用率が下がったグループは、ドラッグストア（▲６・２％の59・９％）、家電量販店（▲５・２％の16％）、都心の商業施設（▲２・５％の20・１％）でした。逆に上がったグループは、ディスカウントストア（＋９・５％の25・７％）、コンビニエンスストア（＋

6・9%の84%)次いで、ファッション専門店(+5・9%の25・8%)、観光地の土産物店(+4・6%の38・4%)、そして百貨店(+3・5%の63・5%)です。では、ここからどんな変化のメカニズムが読み取れるでしょうか?

この変化は、**①価格訴求、②商品力・日本ブランド、③体験価値、④地方への回遊の**4つのキーワードをもとに読み解くことができそうです。

チャネルの栄枯盛衰を考えるうえで、①価格訴求と②商品力・日本ブランドとをインバウンド需要を呼び込むための主な武器にしようとしてきたチャネルにとっては、すでに厳しい時代になったといえるでしょう。家電量販店と、ドラッグストアがこれに該当します。

家電量販店は、店頭で炊飯器を積み上げる爆買いが話題になった時期もありましたが、足元では利用率が大きく減少しました。今では買われる商品が一巡し、美容機器や健康器具にシフトしています。新興国が経済成長すると、所得も増え、さらに現地メーカーや韓国メーカーなどがシェアを伸ばし、わざわざ日本で家電製品を買う必要がなくなってくるからです。特に日本の電機メーカーでは、日本っぽいブランディングの現地企業を指して「偽日系ブランド」と表現してその台頭を警戒している企業もあります。もはや、相応に品質と価格を備えた現地メーカーは意識せざるを得ない状況になっているといえます。

また、インバウンドといえば都心のドラッグストアが定番です。しかし、利用率はもっとも減少しており、ビジネスモデルに死角があるかも知れません。考えられるのは、ベースとなる商品力・日本ブランドに対する需要の低下だと考えています。

そもそもドラッグストアの需要を支えてきたのは中国人観光客ですが、中国では病院へのアクセスに課題があり、セルフメディケーションが大事な国だったことから、日本の大衆薬が買われる素地がありました。ただ、中国内では輸入規制の存在や、日本メーカーが輸出を認めないために中国内で日本の大衆薬を購入することが難しかった。そこで日本滞在時に医薬品を買うニーズが顕在化したのです。

一方、近年では、現地での代替品が台頭するようになりました。中国政府の産業振興策もあって、日用品や化粧品をはじめとして、中国内で現地メーカーが育っています。特に化粧品では〝チャイナメイク〟が日本でも流行ったように、すでに中国は化粧品の輸出国になろうとしています。医薬品メーカーもこれからどんどん出てくるでしょう。そこは時間の問題です。もっとも、ドラッグストアも問題意識をもってさまざまな付加価値の創出に取り組んでおり、選ばれるチャネルであり続けています。

いずれにせよ、商品と価格を訴求したインバウンドビジネスは、必然的に新興国からのキャッチアップとの戦い、強みの賞味期限との戦いになります。

では、選ばれるチャネルの特徴について、次の節でご紹介します。

ALL ABOUT THE RETAIL BUSINESS

4

選ばれるチャネルでは何が起きているのか

前節で、選ばれるチャネルの要因は**①価格訴求**、**②商品力・日本ブランド**、**③体験価値**、**④地方への回遊の**４つのキーワードをもとに読み解くことができると紹介しました。ここからは選ばれるチャネルには何が起きているのか？　を考えたいと思います。

コンビニから考えてみましょう。利用率は２０１５年から２０２４年上期まで約７％伸び、利用率84%と、ほとんどすべての訪日客が利用しています。これは、先ほど挙げた④訪日外国人の地方回遊を上手くとらえ、②商品の強みを生かし、さらに③生活インフラとしての購買体験価値を提供していることが選ばれる要因でしょう。

コンビニは日本全国の店舗網を活かして、地方へ回遊していった外国人観光客の需要を拾うことに成功しています。コンビニでは抹茶味のメーカー品のお菓子など、わかりやすく手に取りやすい日本土産を取り揃えています。一方、観光地のお土産物店では、その土地に根差した商品を買うことができます。結果的に、棲み分けの下で訪日外国人に選択肢を提供しています。そして何より、「近くて便利」である業態固有の体験価値があり、滞在しているホテルの近くですぐ利用できるチャネルです。日本人にとっての生活圏での利便性は、訪日外国人にとっても同じ強みと言えます。

また、この４つの要因を巧みに掛け合わせて伸び続けているのがディスカウントストアであり、チャレンジを続けているのが百貨店です。

インバウンド消費動向調査によると、ディスカウントストアは、今や訪日外国人の４人に１人が利用するチャネルにまで成長しましたが、代表的な企業はドン・キホーテではないでしょうか。③買い物の楽しさという体験価値を提供でき、②日本ブランド・商品を訴求し、④40店舗に上るインバウンド強化型店舗で、全国に回遊した需要を拾っています。もちろん、ディスカウントストアですので①価格訴求力には元来強みがあります。元来、「ドンキでしか得られない買い物体験」を目指す、アミューズメント性を高める店作りは日本人向けに培ってきたノウハウです。ドン・キホーテの強みは時間消費型の店作りです。自国に絶対ないものを探す欧米客やラグジュアリーを求めるアジア客など、それぞれの嗜好を把握して店を作り、何十分、あるいは一時間以上楽しめる店舗作りに取り組んでいます。宝探し感覚という体験価値を提供する、固有の強みで勝負しているのです。

最後に、百貨店についてですが、インバウンド需要が立ち上がってきた当初から自らの体験価値に気付くのが早かったのです。２０１５年、海外旅行者の口コミサイトで「百貨店の地下は必ず行け。食のパラダイスだ」が話題になったように、デパ地下の体験価値を武器に幅広い層の集客に成功しました。そしてコロナ後の百貨店では、戦略上重視する顧客層として「インバウンド富裕層」も、日本の「次世代富裕層」と同列に関係作りを強化するべき「識別顧客」に位置付けるようになりました。日本の良さを活かしつつ、そこに百貨店らしい顧客に合わせたおもてなし、特別な体験を提供することで、旅アトまで含めた継続的なビジネスにつなげているのです。

前後しましたが、こうしたコロナ後の変化（インバウンドの成熟化）を引き起こした原因は、個人旅行での繰り返し訪日と、ＳＮＳの普及による日本人との情報のフラット化があるようです。コロナ以後、特にＳＮＳでの情報発信と取得が進み、日本人が価値を見出すことに訪日客も同じように価値を見出します。小売業には、やみくもなインバウンド対策ではなく、企業や店舗に固有の強み、体験価値を磨き上げ、それを訪日客にも理解してもらう取り組みが必要ではないでしょうか。

ALL ABOUT THE RETAIL BUSINESS

5 インバウンドからアウトバウンドへ

物販でインバウンド需要をとらえるには、訪日外国人が帰国した後もモノを買ってもらう、「旅アト」というアプローチがあります。このチャンスを活かすべく、旅マエから旅アトまでの導線をどうやって作るのか？　各社のチャレンジを少しご紹介します。

訪日外国人への来店誘致と帰国後までのアプローチを、旅マエ、旅ナカ、旅アトの３つの段階に分け、一貫した導線づくりを目指してマーケティング展開するのが一般的です。

まずこの中で重要とされているのは、旅マエ対策です。ＪＴＢ総合研究所による２０２３年の調査でも、約80％の旅行者が旅マエに細かな訪問先を決めているという調査があります。前節の最後に、訪日客の成熟化＝ＳＮＳによる日本人と訪日客との情報のフラット化と表現しましたが、ことさらインバウンドに寄せすぎず、日本で日本人に流行っている、日本ならではは体験として訴求する必要があります。旅行を企画している段階で、具体的に店舗に立ち寄るイメージをして、「せっかく日本に行くなら、好きなブランド、ぜひ試したい商品、その旗艦店に行きたい」という計画を立ててもらう必要があります。各国、SNSの活用がツールになりますが、特に旅行者の多い中国向けには、中国版インスタグラムと呼ばれるRED（小紅書）やWeiboなどが活用されます。KOL（Key Opinion Leader）やKOC（Key Opinion Consumer）と呼ばれる口コミ発信をするインフルエンサーも有効とされます。

次に旅ナカ対策では、なんといっても、この前の節で述べたような、強みを生かした体験価値をしっかり訴求することが大事です。とりわけ、旅アトにつなげるためにも、来店してもらったときに、しっかりそのお店や商品のファンになってもらわなければいけません。ここでファンになってもらい、ショップカードやアプリダウンロードを契機として、旅アトでもデジタルでつながるきっかけにしていくのが一般的です。

旅アトでビジネスを展開する方法は、3つあると考えています。まず実店舗の海外展開。次に、プライベートブランドをはじめとした商品の輸出、そしてオンラインでの越境販売です。それぞれチャレンジしてきた企業はいくつもありますが、インバウンドからのアウトバウンドを明確に意識した企業に、ドン・キホーテやオニツカタイガーがあるでしょう。ドン・キホーテの実店舗展開では、香港やタイ、シンガポールなど東南アジアで〝ジャパンブランド・スペシャリティストア〟として、日本に行かなくても日本を旅行したように楽しめる店舗が人気を集めています。合わせて、日本の農水産物の輸出拡大に向けたパートナーシップ〝Pan Pacific International Club〟を日本の生産者と組織し、輸出拡大にコミットしています。一方で、２０１６年10月に自社アプリ「majica Premium Global」でサービスを開始した越境ＥＣについては、まだまだ規模拡大の途上のようです。全体的に小売業では、自社ＥＣ、プラットフォーム出店を問わず、越境ＥＣの顧客導線の獲得には課題があるようです。近年は百貨店やアパレル企業などが越境ＥＣ、越境ライブコマースに取り組んでいますが、独自ブランドとファンを有するアパレル企業には一日の長があるかもしれません。中でもシューズブランドのオニツカタイガーは、売上高の約７割が海外のグローバルブランドです。２０２３年12月にオープンした銀座ポップアップストアは、丁寧な接客を通じて海外ファンにブランドの世界観を伝える場として位置づけました。そこで顧客ロイヤリティを醸成し、帰国後の越境ＥＣでじっくり考えて注文してもらうという導線構築を狙ったものです。

越境ＥＣの活用は、多くの小売業でまだ途上ですが、ドン・キホーテの今後のアプリ活用をはじめ、アウトバウンドで稼ぐ事業がどんな展開になるのかは注目です。

ALL ABOUT THE RETAIL BUSINESS

6

新たなビジネスモデルの追求

２０１５年に急速に訪日外国人が増えて以降、これをビジネスチャンスとして様々なスタートアップやビジネスモデルが登場しました。民泊や観光や地域活性化をサポートするサービスが話題になりがちですが、物販関連でも様々な企業やビジネスモデルが登場しています。

まず古くて新しいビジネスモデルに、空港型市中免税店があります。免税については第2節で触れましたが、通常空港の制限エリア内にあるデューティーフリーを街中で営む事業です。沖縄の特例法によるものを別にすると、２０１６年の三越銀座で初めて開業しました。その後コロナを経て２０２５年現在も営業しているのは、東急プラザ銀座のロッテ免税店と三越銀座の2店舗のみになりました。これは購入手続きだけを店頭で行って、商品の受け取りは出国手続き後の制限エリア内で行う仕組みで、日本人でも出国予定のある人なら使える制度です。もっとも、制限エリアで荷物が増えてしまうので少々不便かもしれませんが、街中のブランド店では売り切れた限定品など、掘り出し物が見つかることもあったようです。お隣の韓国では歴史的に空港型市中免税店が定着していますが、その背景は、旅行者だけでなく韓国の人たちもブランド品を安く買う手段として利用しているためだそうです。日本でも日本人の利用が増えると、デューティーフリーがもっと盛り上がるかもしれません。

次に、スタートアップ系企業は事業者と訪日客とそれぞれの緻密なニーズにこたえようとしています。前の節で、旅マエから旅アトまでの流れをご紹介しましたが、訪日外国人と、彼らを迎える小売業それぞれの細かなニーズに対応する企業が数多く生まれています。旅マエでの情報発信にかかるサイトの多言語対応、運用管理、旅ナカで店舗の多言語での接客支援、外国人採用・派遣、位置情報、行動データの取得、旅ナカから旅アトでのマーケティングデータの取得と分析、広告運用などが、それぞれビジネスの種になっています。

さてその中でも、店頭で多言語対応するための買い物サポートアプリからスタートし、インバウンドのマーケティングプラットフォームを目指す企業にPayke（ペイク）があります。Paykeの利用者は99％が海外ユーザーで、２０２４年１月でダウンロード数は４５０万件だそうです。

当初は、訪日外国人がバーコードをスマートフォンやタブレットでかざすと、商品の使い方やストーリーなどの商品情報を訴求できるシステムでした。日本語で登録すれば英語、中国語、タイ語、韓国語など7言語へ自動翻訳し、言語を超えたストレスフリーな買い物体験を提供するソリューションです。業務の効率化と店舗体験の向上を実現しようとするものです。ただ、これだけでは終わりません。そこからさらに展開し、ユーザーの利用状況をデータとして蓄積し、分析するようになりました。バーコードを読み取る店頭でのソリューションを武器に、訪日外国人がいつ、どこで、どの商品をチェックしているのか、わかるようになったのです。これらのデータと、Wifiによる移動データやPOSデータと組み合わせ、各社はインバウンド向けの店舗や商品戦略に活かしています。さらに、旅ナカと旅アトで、商品の認知を高めるための広告配信を行っています。帰国後の購入サポートについてはまだこれからですが、リピート購入の促進ができるようになれば、さらなるインバウンドを契機としたアウトバウンド需要の創出が実現できるかもしれません。

インバウンドは変化の激しい市場で、新たなニーズも生まれ続けるでしょう。これからも、きめ細かいニーズに対応するところから、新たなビジネスモデルが生まれるかもしれません。

ALL ABOUT THE RETAIL BUSINESS COLUMN

バランスの取れた成長への備えはあるか

　コロナ禍から通常の経済活動に戻ってきた2022年頃から、インバウンド関連のビジネスではいささか景気の良い言葉が目立ちました。例えば、日本銀行のさくらレポート（地域経済報告）2024年10月では、各地の企業の声としてこういった内容が紹介されています。

「高価格帯店舗ではインバウンド客を含む観光客の需要が旺盛であり、低価格帯店舗は地元客の普段使いの利用が好調（松本［飲食］）」

　しかし、こうした声を聞くにつけ私は少々不安も覚えます。

　低成長になった日本では、高い利益と成長性が期待されるインバウンドと、それ以外のビジネスとがいびつな形で共存しているように思えるからです。それは例えば、人材の奪い合いという形で現れます。前出の日銀レポートではこういった声が紹介されています。

「本年入り後、パートを中心に賃上げを行ったが、求人への反応は芳しくない。最近では、好調なインバウンド需要を背景に、より高い給与を支払う他地域のホテルに従業員を引き抜かれるなど、人材獲得競争は激化している（釧路［宿泊］）」

また不動産でもそうです。日本が「金利のある世界」に戻ると、不動産ディベロッパーは高い利回りを求められます。すると、収益性も成長性も見込めるインバウンド向けの物件開発に傾斜するのは自然です。これは小売事業者にも、生活者にも影響が出てきます。労働集約型で利益も薄く、成長性もインバウンドほど高くない多くの小売業は出店が難しくなります。また、生活者にとってはインバウンド向けの商業施設や開発された街区は割高で、楽しめないものになったりしてしまうかもしれません。実際、大都市の一部ではこうしたことが起き始めているようです。

インバウンドを機会として、いかに需要をとるか？　これは日本の成長戦略にとって重要なテーマです。同時に、既存の産業もインバウンドに負けない、高付加価値な産業へ変革しないといけません。これらがうまくバランスを取りながら、日本全体で成長を目指すという目線も、これからより大事になってくる視点だと思います。

第7章

メーカーと問屋から学ぶ物流システムの世界

Chapter 7 :
Learning from Manufacturers and Wholesalers:
Logistics Systems

ALL ABOUT THE RETAIL BUSINESS

1 チェーンストアを支える物流システムの進化

この章では、多店舗展開しているチェーンストアを支えている物流の仕組みや成り立ちと課題、さらに将来目指す姿を概観しましょう。

物流の進化を考える上で、チェーンストアが目指すものを押さえる必要があります。1960年代から登場したチェーンストアですが、そのビジネスモデルの基本は、規模のメリットを追求することです。チェーンストアでは、本部がメーカーとの集中購買の交渉窓口となり、消費者ニーズに合った商品を、安く大量に仕入れます。すると必然的に、この仕入れた商品を、全国に多店舗展開している店舗に届ける仕組みが必要になりました。そこで、小売業がメーカーや卸から1箇所に商品を集約する倉庫を設置し、そこを広域配送拠点として効率的に店舗へ配送していく仕組みが整えられるようになりました。とりわけ、幅広いニーズに応えようとすると、それだけ品揃えが広がり、取引するメーカー、卸も増えます。また新鮮な食品を扱おうとすると、温度帯管理も発生します。こうして消費者のニーズに臨機応変かつ効率的に応えるべく、小売主導で物流は変化してきました。

まず、１９７０年代から80年代にかけて登場し、大きな役割を果たしたのが「物流センター」でした。これによって「仕入と在庫管理の一元化」を実現できるようになりました。商品・カテゴリーごとに複数存在するメーカーや卸から送られてくる商品を、物流センターで一か所にまとめて管理します。それからセンター内で仕分けをして、トラックで店舗別に配送するようになったのです。こうして実現した仕組みを、一括物流といいます。このセンターは、小売が自社で建設する場合と、特定の大規模な小売チェーンのために、複数の卸が共同出資して建設する場合があります。

その後１９８０年代以降では、ニーズの多様化に応えるべく、商品のフルライン化が進められ、さらに多品種・多頻度少量配送と商品の鮮度管理が必要になりました。そこで、鮮度を重視する日本の消費者のニーズに応えるべく、物流を重要な差別化戦略とする出来事がありました。それは１９８８年に始まった、セブンイレブン「1日3便体制」です。この年は「中食元年」とも呼ばれますが、温度帯別配送によって高品質な中食、総菜の提供を実現したのでした。この仕組みについてはコンビニの節でご紹介します。

またこうした物流を支えているのは、「高度な情報システム」です。コンピューターの導入によって、在庫や受発注情報が電子データ化し、リアルタイムでデータ管理するようになったのです。のちに企業同士がつながる端緒となり、1990年代以降では、メーカーや卸とつながったEDI（電子データ交換による受発注システム）に進化します。

その後、2000年代に入ると、インターネットが普及し、情報システムの導入・高度化が一層進みます。需要予測の高度化などで、サプライチェーン全体の無駄をなくす取り組みが始まるなど、立場を超えた連携も進むようになりました。

ちなみに、中間流通を誰が担うかは国によって事情は異なり、欧米ではメーカーと直接取引するために、小売が物流センターを設置して、調達物流を担っています。例えばウォルマートは1990年に食品卸のMc Laneを買収して内製化しています。これと比べると、卸が重要な役割を果たしているのが日本の特徴です。この背景には、歴史的に卸が競争して、チェーンストアが巨大化する段階で、卸が小売に代わって物流や情報システムを整備し、その発展を直接的に支えてきたからだといわれています。商社不要論が唱えられたのが1960年代ですが、そこから半世紀以上たってもなお、卸は流通を支える重要なプレーヤーとして存在しています。

ALL ABOUT THE RETAIL BUSINESS

2 モノの流れをざっくり解説

小売業における物流は、消費者の目に触れることは少ないものの、私たちの日常生活を支える重要な役割を果たしています。商品がメーカーから店頭に届くまでの流れを、大規模チェーン店の食品スーパーをイメージしながら、ざっくりと解説していきましょう。

まず、メーカーの工場から出荷された商品は、卸や小売が運営する物流センターに運ばれていきます。加工食品に関しては、メーカーから卸への納品は、発注された翌日であるケースが多いようです。ここでの荷姿は、パレットに商品の箱が積み上げられた状態です。

次に物流センターでは、各店舗からの発注に基づいて、商品のピッキング、仕分け、店舗ごとの出荷準備を行っています。箱がパレットから降ろされ、箱の中の商品を取り出して、さらに細かい〝バラ〟単位でピッキングし、注文のあった店舗ごとに仕分けされていきます。ここは非常に煩雑な工程ですが、基本的に作業員による手作業です。デジタル化がかなり進んでいて、ピッキングカートやロボットが人と協働型になったので、正確で効率的な作業ができます。

食品スーパーの物流では、商品の鮮度管理が特に重要です。生鮮食品、チルド食品、冷凍食品など、温度帯ごとに適切な管理が必要となります。例えば、夜間から早朝にかけて1便目はドライ食品、2便目はチルド食品、3便目は生鮮品というように、配送品目を分けて効率的な配送を行っているケースもあります。定番商品の発注締め時間は、小売業から卸へは多くの場合午前中で遅くとも午後3時ごろまでに行われます。

物流センターの重要な役割に、店舗バックヤード業務の削減があります。そのために、センター内で、店舗の売り場レイアウトや商品構成に合わせた仕分けが行われることもあります。これにより、店舗での品出し作業の効率化が図られています。これを「カテゴリー別配送」や「通路別配送」と言います。ほかにも、店舗側での業務削減のためには、ノー検品も重要です。先ほどのピッキングのデジタル化・出荷時の検品を高精度化することなどで誤配率を下げることや、センターと店舗とで納品・品切れデータを事前情報で共有することでノー検品を実現しています。このほかにも多頻度小口配送や10万個に1個の欠品率、365日定時定配など、非常に高度な物流品質を求められ、対応しています。

ちなみにこの物流センターにもいくつかの種類がありますが、主要なものにTC（トランスファーセンター：通過型物流センター）とＤＣ（ディストリビューションセンター：在庫型物流センター）とがあります。ＴＣは基本的に在庫を持たず、入荷した商品をすぐに仕分けと積み替えを行って、出荷する機能を持っています。ＤＣは商品を保管する機能があり、入荷、保管、ピッキング、梱包、出荷など多様な作業を行います。ＴＣは比較的小規模でも運用が可能で、入荷から出庫までのリードタイムが短いことからコンビニなど多店舗展開している企業に向いています。ＤＣは大規模な保管設備が必要になりますが、急な注文などでも対応ができます。大型店舗や在庫を必要とする業態に適しています。

最後に、仕分けられた商品は配送トラックに積み込まれ、各店舗へと届けられます。多くの場合、深夜から早朝にかけて配送が行われ、開店前に商品が店頭に並べられます。ドライバー不足や労働時間規制の強化など、トラック輸送を取り巻く環境は厳しさを増しています。そのため、共同配送やモーダルシフト（トラックから鉄道や船舶への輸送手段の転換）など、様々な取り組みも行われています。

このように私たちの目には見えにくい部分ですが、多くの人々の努力によって日々の買い物が支えられています。

ALL ABOUT THE RETAIL BUSINESS

3 まるで「ミルフィーユ」のような荷姿

日本の小売業における物流の仕組みは、長年の商慣行によって形成されてきました。しかし、近年その非効率性が指摘され、大きな課題となっています。

物流現場に負荷がかかっている例として、「ミルフィーユ出荷」「ミルフィーユ積載」と呼ばれる現象が見られます。これは、多品種小ロット納品のためにパレットに積まれた商品が一層くらいしかなく、まるでミルフィーユのケーキのように薄い層が何段も重なっている状態を指します。このような積み方は、トラックの積載効率を大幅に下げ、物流コストの増加につながっています。目に見える現象ですが、こうしたことを引き起こしている背景には、何があるのでしょうか？

この問題について、これまでに繰り返し指摘されてきたポイントとして、「店着価格制」、「物流センターフィー問題」、「毎日発注・翌日納品」の3点が挙げられます。まずそれぞれ簡単に説明していきましょう。

店着価格制とは、メーカーや卸売業者から小売への納品価格が、商品価格と運送費とが合計された一本の金額で取引される仕組みです。極端な言い方ですが、商品の価格のみに見えて、物流はサービス（＝ゼロ）のように見えてしまいます。これでは、小売業は物流コストを意識せずに商品を仕入れることになるため、副作用として、卸に過度な物流サービスを要求しがちになったと言われています。

物流センターフィー問題は、小売業が物流センターの運営費用を卸やメーカーに請求する慣行を指します。歴史的には、卸やメーカーが多数の店舗に配送するのに労力、コストがかかっていました。それを小売サイドの物流センターを使うことで物流の集約化が図られたので、卸、メーカーに対して利用手数料を請求する、という考え方です。金額的には、センターを通過した金額に数％の固定料率を乗じて請求されます。ただこの金額が高額になると、卸やメーカーはその費用を商品価格に転嫁し、最終的に消費者が負担することになります。

毎日発注・翌日納品は、小売店舗が毎日発注し、翌日には商品が届く仕組みです。これは、コンビニエンスストアや食品スーパーなど、来店頻度が高く、商品の回転率が高い業態で、中食や総菜で差別化しようという動きから生まれました。ただ、小売業にとっては在庫管理の柔軟性を高める一方で、配送の頻度が増加し、運送コストや労働力の負担が増加します。毎日多くの小口貨物を運送する必要があるため、トラックの運行回数が増え、燃料費や運転手の労働時間が増加します。

しかし、近年の労働力不足や環境問題への意識の高まりを背景に、これらの問題を解決しようとする動きが出てきています。流通や卸売業者は、物流の効率化に向けた取り組みを進めています。例えば、共同配送の実施や、需要予測による在庫最適化などが行われています。

また、政府も物流改革を推進しています。2023年6月には「物流革新に向けた政策パッケージ」と「物流の適正化・生産性向上に向けた荷主事業者・物流事業者の取り組みに関するガイドライン」が公表されました。さらに、物流二法(貨物自動車運送事業法、貨物利用運送事業法)の改正も行われ、荷主の責任が明確化されました。これにより、小売業も物流改善に積極的に取り組むことが期待されています。

物流の効率化は、小売業の持続可能性を高めるだけでなく、環境負荷の低減にもつながる重要な課題です。「ミルフィーユのような荷姿」は、日本の物流が抱える課題の象徴と言えるでしょう。今後は、小売業、卸、メーカー、物流事業者が協力して、より効率的で持続可能な物流システムを構築していくことが求められています。

ALL ABOUT THE RETAIL BUSINESS

4 コンビニ物流は何がすごいのか

コンビニエンスストアは、私たちの日常生活に欠かせない存在です。生活圏内にあり、24時間営業で、生活必需品が揃えられ、欠品はほとんどありません。また、おにぎりやカウンターファストフードまで、「いつでも新鮮な」食べ物が手に入ります。一般的に店舗での取扱商品は３０００〜３３００品目、商品販売額の約７割は賞味期限の短い食品が占めます。しかし店舗自体は狭く、店頭で在庫は持てず、バックヤードにも作業スペースはありません。この小商圏で高い来店頻度、高い商品回転率のビジネスモデルを支えるには、緻密に計算された効率的な多頻度配送のシステムが不可欠です。

「新鮮でおいしい商品を毎日お届けする物流革新」と会社が自ら表現しているセブンイレブンを例にとってみましょう。物流システムの革新の歴史は長く、１９７０年代後半から取り組んできました。その核心とされるのが、共同配送、温度帯別物流です。

共同配送では、商品グループごと、地域ごとに複数のメーカーの商品を集約する共同配送センターを設置します。この商品のグループは温度帯別になっています。常温（ソフトドリンク、加工食品など）、チルド（5℃管理、調理パン、サラダなど）、フローズン（－20℃管理、冷凍食品、アイスクリームなど）、米飯（20℃管理、弁当、おにぎりなど）それぞれの温度帯に応じた専用配送センターと車両を用意し、センターで仕分けしてから各店舗にまとめて配送します。ちなみに、あるカテゴリー、エリアに「窓口問屋」が1社存在し、この窓口問屋が共同配送を取り仕切って、自社の商品と他社の商品を一緒に配送しています。また、共同配送センターを所有・管理・運営しているのは取引先企業です。

このように温度帯別に商品を混載配送することで、各メーカーが店舗にバラバラに配送していた時代と比べて、大幅に配送効率が向上しました。同社では、創業当時は1日に70台ものトラックが1つの店舗に出入りして業務を妨げていました。しかし共同配送の導入により、1日あたりの配送車両数を9台にまで削減することに成功したことが、同社の沿革でも紹介されています。ほかにも、トラックで各店舗に配送する配送コースの設定にも緻密なノウハウがあります。理想的なコースは、配送センターを中心として花びら型に反時計回りにルートを編成することとされています。こうすることでトラックはできるだけ短い距離を、しかも可能な限りリスクの少ない左折のみで回ることができるのです。燃料費の削減や、事故も防げるようになったことが知られています。

また、この物流システムは、毎日発注・翌日納品サイクルで動いています。多くのコンビニでは、１日に複数回の配送が行われています。例えば、米飯類やチルド商品は１日３回の配送です。もっとも近年は、脱炭素化対応や商品のロングライフ化、物流の２０２４年問題などを受けて、２便体制など配送頻度を抑制する動きがあります。

さらにこの物流システムを支えているのが、高度な情報システムです。単品管理システムと呼びますが、商品カテゴリー単位でざっくりではなく、商品分類単位ごとに販売実績を集計・分析し、需要予測や発注精度の向上に活用しています。セブンイレブンでは１９８３年、ローソン、ファミリーマートでは１９９０年からＰＯＳ（販売時点管理情報）レジ、発注端末機、オンライン受発注システムの運用に着手しています。こうした仕組みで、多品種少量在庫を短サイクルで回していくビジネスモデルを支えています。

２０２１年には、コンビニ大手３社が系列を超えて共同配送ができるか、実証実験を行いました。配送の短縮化、ＣＯ２排出量・燃料消費量の削減など、今日的な課題への対応も進もうとしています。

ALL ABOUT THE RETAIL BUSINESS

5 SPA（製造小売業）が挑戦する物流の進化

ここまで、日本の物流の課題は、歴史的にメーカーや卸とチェーンストアとの関係性の中で生み出されてきたことをご紹介しました。それでは、製造から小売まで一貫して自社で手掛けるSPA（製造小売業）はどうでしょうか？

「お、ねだん以上。」をコンセプトに家具・インテリアの製造販売を手掛けるニトリホールディングスと、LifeWear（究極の普段着）のコンセプトのもと、衣料品ブランド、ユニクロやGUを展開するファーストリテイリングは物流システムも革新的な企業です。

ニトリHDは、これまでのSPA（製造小売）を進化させた「製造物流IT小売業」を自ら標榜しています。特徴としては、バリューチェーンの完全内製化です。

彼らが取り組んできた物流改革の端緒は「日本で行っていた作業を海外に移す」でした。そもそもニトリは商品の約90％を海外15か国から輸入し、年間取扱コンテナ13・4万本

（会社ウェブサイト会社情報、２０２４年現在）という日本でも有数の輸入企業です。それまで国内の物流センターで行っていた店舗ごとの仕分けまで海外の倉庫であらかじめ完了させ、国内に輸入できることを目指したのです。

現在では、インドネシアやベトナムの製造子会社やほかの協力工場から輸入する商品を、中国の蘇州太倉市やベトナムのホーチミンをグローバル物流の拠点として集約します。そこから、日本国内の物流センターでは仕分けなどの手をかけず、すぐに各店舗に配送する一貫物流を実現しています。製造と小売と、その間にある物流まで自社運営で取り込んだのです。

こうした仕組みをＩＴで一元的につなぐのは、かなり大がかりなプロジェクトだったと想像されます。実はニトリはかなり古くからバリューチェーンの効率化に向けて、徹底した自前主義で、ＩＴ構築や社内体制の整備に注力してきた企業です。数百人規模の態勢で情報システム部門を構え、基幹システムや物流管理システムを自社開発してきました。また商品をスムーズに国内に供給するために、海外の規制に熟知した貿易改革室が存在します。同社による「ニトリ読本」によると、なんと設立されたのは１９８０年とのことです。海外の船舶会社との航路に関する交渉や手続きまで自らできるので、大幅なコスト削減と効率運営を実現しています。

海外での原材料調達、製造から物流、販売までの全プロセスをＩＴで統合することで、それぞれの段階別のコスト管理を徹底し、安価な商品提供と高い利益率の両立を実現しています。

一方、ファストリは「情報製造小売業」を標榜しています。これは、顧客ニーズや市場動向などの情報を起点として、商品企画から生産、販売までを一貫して行うビジネスモデルを指すものです。

これを強力に推し進めようとしたのが、２０１６年にスタートした「有明プロジェクト」です。ＳＮＳでの人気コーディネートや口コミをはじめ「あらゆる情報が常に回り続けることが本プロジェクト」と説明され、企画開発に活かして生産量も決めることを目指しました。当初は混乱もありましたが、現在は安定して改革も続いています。東京・有明地区に最新鋭の物流拠点を設置し、ＡＩやロボットを活用した自動化システムを導入しました。この物流センターは、商品の保管だけでなく、ＥＣの注文に応じたピッキングから梱包・配送まで一連の作業を担っています。有明プロジェクト以降、ファストリは物流のデジタル化をさらに推進しています。例えば、ＲＦＩＤタグを活用した在庫管理システムの導入や、ＡＩを用いた需要予測の精度向上など、テクノロジーを駆使した物流の効率化に取り組んでいます。

ALL ABOUT THE RETAIL BUSINESS

6

理想の物流システム＝フィジカルインターネット（ＰＩ）とその現在地

フィジカルインターネット（以下、ＰＩ）という概念は、２０１１年に当時カナダのラバル大学のベノワ・モントルイユ教授らによって提唱されました。この考え方は、デジタル情報を効率的に伝達するインターネットの仕組みを、物理的な物流システムに応用しようというものです。

具体的には、インターネットの世界は、情報をやり取りする共通規格（＝プロトコル）を前提として、最小単位である情報（＝パケット）を拠点（＝ノード）で交換することで成り立っています。これを物流の世界に当てはめると以下のようになります。まず、物流リソースの運用上の「取り決めを標準化」（＝プロトコルに相当）し、規格化された輸送用「コンテナ」（＝パケットに相当）を、輸送の結節点となる「ハブ」（＝ノードに相当）でやりとりします。インターネットがデータパケットを最適な経路で送信するように、共同輸配送・共同拠点利用などを実現し、荷物を最適なルートで輸送することを想定しています。これにより、輸送効率の向上、環境負荷の低減、物流コストの削減が期待されています。まるで夢のような話ですが、既に日本では実現に向け、息の長いプロジェクトがスタートしています。経済産業省と国土交通省が中心となって、ＰＩの実現に向けた取り組みを進めています。２０２０年9月には、「フィジカルインターネット実現会議」が設置され、産学官が連携して検討を行っています。

この会議では、２０４０年頃までにＰＩを実現することを目標に掲げ、具体的なロードマップを策定しています。このロードマップでは、２０２５年までに実証実験を行い、２０３０年までに一部地域での実装を目指し、２０４０年頃までに全国展開を図るという段階的なアプローチが示されています。

小売業界においても、ＰＩの実現に向けた取り組みが進められています。とくに注目されているのが、複数の小売業者や物流事業者が協力して行う共同配送の取り組みです。例えば、首都圏では大手小売チェーンやコンビニエンスストア、物流事業者などが参加する首都圏ＳＭ物流研究会が２０２３年3月に設立されました。この協議会では、物流を競争ではなく協調領域と位置付け、企業間の壁を超えた標準化や業界慣行の見直しに取り組んでいます。また、九州地域でも同様の取り組みが進められており、九州物流研究会が２０２２年に設立されました。ここでは、地域の特性を考慮しながら、フィジカルインターネットの実現に向けた検討が行われています。

小売業界にとって、ＰＩの実現は大きな意味を持ちます。現在、小口配送の需要の増加や物流コストの上昇、配送効率の低下が課題となっていますが、もしＰＩが実現すれば、これらの課題を解決できます。企業の系列をまたいで物流拠点やトラックの稼働率や積載率がわかるようになると、共同利用が促され、配送の効率化が図れます。また、コンテナの規格化が進めば、荷物の積み替えや仕分けの作業が簡素化され、作業時間の短縮につながります。さらに、ＡＩやＩｏＴを活用した最適な配送ルートの選択により、配送時間の短縮や環境負荷の低減も期待できます。

しかも興味深いポイントとして、このＰＩは単に物流の効率化だけでなく、小売業界のビジネスモデルの変革につながる可能性を秘めています。現在は、バリューチェーン上で大きな影響力を持つためには、トラックや倉庫といった物流資源を持っていることが重要です。しかし、ＰＩの世界では、物流の資源そのものよりも、荷物の情報と配送リソースの情報をマッチングする仕組みを持っているか否かにシフトします。小売や物流など、バリューチェーンを超えた競争と協調とが新しい枠組みで進むかもしれません。

ALL ABOUT THE RETAIL BUSINESS COLUMN

倉庫で働く、物流スマートロボット

卸売業者の物流倉庫の現場では、物流スマートロボットが近年進化を遂げています。と、その前に、卸売業者の倉庫で扱うモノと課題に簡単に触れましょう。荷物の状態は、大から小の順番に、まずパレット（文字通りパレット）、次いでケース（箱入りの状態）、そしてバラ（トレーに商品がバラバラに置かれている）です。これらを小売店に届けるために、求められている単位に括りなおして保管するのが倉庫での業務です。ただ、バラの商品を広い倉庫内を歩いて人力でピッキングしたり、特にパレットのような大きな状態のモノを運ぶのに多大な労力がかかっていたりしました。そこで登場したのがスマートロボットです。

◆自動搬送ロボット

自律走行可能な搬送ロボットを導入し、倉庫内での商品の移動を自動化しています。AMR（自律協働型ピッキングロボット）を導入し、スタッフがピッキングした商品を受け取って所定の場所へ運ぶ作業を自動化しています。

◆AIピッキングロボット

3DビジョンカメラとAIを搭載したロボットが、商品の形状や大きさを認識し、自動でピッキングを行います。新商品の登録やリニューアル品の変更作業が不要なAIケースピッキングロボットを導入しています。

◆デジタルピッキングシステム（DPS）

ハンディー端末やデジタル表示を活用し、ピッキング作業の効率化と精度向上を図っています。例えば、バーコードスキャンと連動して対象商品の棚の表示灯が点灯するシステムなどがあります。

◆自動検品システム

光センサー（LiDAR）やAI画像認識技術を活用し、入荷検品作業を自動化しています。パレット積みされた荷物のケース数を自動で検出するシステムを導入しています。

これらのテクノロジーを組み合わせることで、卸売会社の倉庫では人手不足への対応、作業効率の向上、ミスの削減、コスト削減などを実現しようとしています。

図　W/R比率の推移（商業全体・業種別）
多段階的な流通構造は解消が進んでいる

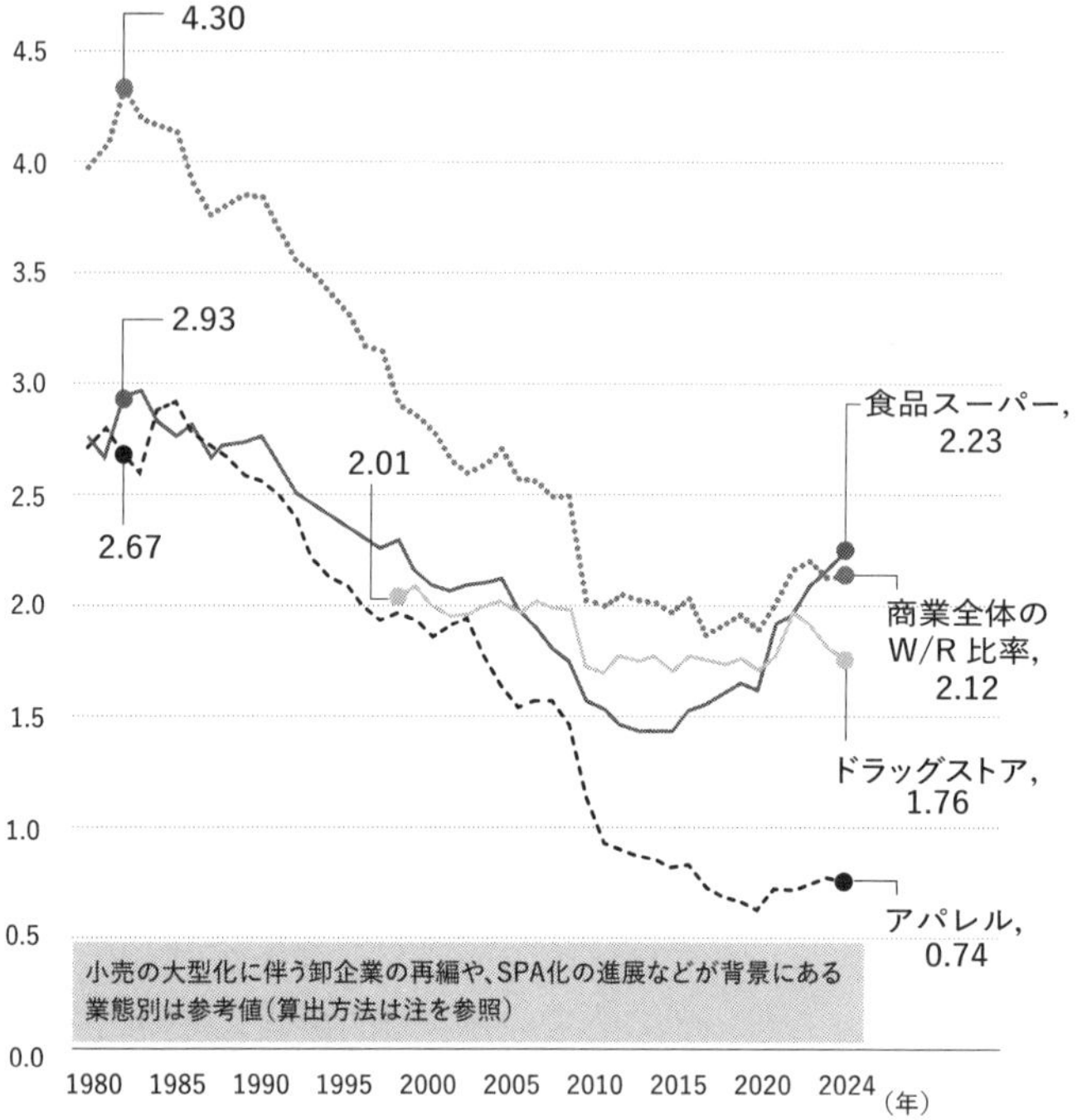

（出所）経済産業省「商業動態統計調査」から作成

（注1）W/R比率は、卸売業の販売額を小売業の販売額で割った値。一般に、数字が大きいと、中間流通段階である卸取引が多く、小さければ少ないとされる。

（注2）商業全体＝（各種商品、繊維品、衣服・身の回り品、農畜産物・水産物、食料・飲料、電気機械器具、その他の機械、家具・建具・じゅう器、医薬品・化粧品、その他、それぞれ卸売業販売額の合計）÷（各種商品、織物・衣服・身の回り品、飲食労品、機械器具、医薬品・化粧品、その他、無店舗、それぞれ小売業販売額の合計）
自動車と燃料を除くいわゆるコア小売業を念頭に算出したもの

（注3）食品スーパー＝（農畜産物・水産物および食料・飲料卸売業それぞれ販売額の合計）÷（飲食料品小売業販売額）
ドラッグストア＝（医薬品・化粧品およびその他の卸売業それぞれ販売額の合計）÷（医薬品・化粧品およびその他の小売業それぞれ販売額の合計）
アパレル＝（衣服・身の回り品卸売業販売額）÷（織物・衣服・身の回り品小売業販売額）

第8章

データから学ぶ小売DXの世界

Chapter 8 :

Learning from Digital Data: Retail Digital Transformation

ALL ABOUT THE RETAIL BUSINESS

1 小売DXでの取り組み

世界中でDXが叫ばれていますが、小売業界でも数多くの取り組みが積み重ねられています。選ばれる小売になるためには、さまざまな課題をデジタルで解決しなければいけません。人手不足や手間のかかる店内業務を楽にしたり。はたまたデータを活用してより楽しい購買体験を提供したり。この章では、DXで何が起きようとしているのか？ 見ていきましょう。店舗バリューチェーンの軸に沿ってどんな取り組みがあるか、代表的なものを整理してみます。

1．バックエンド業務系

◆自動発注

発注業務は失敗すると大きなコストで、しかも扱う品目が多くなればその分作業も大変でした。これまでにも機械学習は用いられてきましたが、ＡＩと機械学習を活用し、需要予測に基づいて最適な発注量を自動的に決定するべく、各社がトライしています。実現すると、人手不足対策や業務効率化、食品ロス削減に直接貢献します。

◆リアルタイム在庫管理

必要な時に、必要な場所に必要な量あることが理想です。しかし、小売企業はそもそも棚で商品が回転してゆく商売で、現品確認が難しい業態でした。現在ではＩｏＴ技術などの活用により、過剰在庫や欠品を防ぎ、顧客満足度向上と効率的な在庫管理の実現に近づいてきました。

2．店舗内オペレーション

◆電子棚札

値札の入れ替え、一つひとつ書き換えるのは多大な労力を要します。そこで登場したのが、電子ペーパーを用いた価格表示システムです。価格変更やプロモーション情報を瞬時に更新できるため、労力を削減し、誤表示を防止します。

3．集客・マーケティング

◆サイネージ

デジタルディスプレイを用いた広告や情報提示の手法です。ＡＲ（拡張現実）などのインタラクティブな要素やＡＩによるパーソナライズとも融合し、消費者への効果的なアプローチが可能です。

4．接客・決済

◆無人店舗

スタッフが常駐しない完全自動化された店舗です。ＡＩやＩｏＴを活用し、入店から決済までを無人で行うことができ、24時間営業が可能です。技術の組み合わせで実現可能なことから、エキナカやオフィスビル内など業界の枠組みを超えたビジネスモデルのチャレンジが起きています。

◆スマートカート

ＡＩやセンサーを搭載した買い物カートで、商品情報の表示や自動決済が可能です。利用する前に消費者個々人のＩＤデータを認識し、その人の購買履歴や嗜好性を判断することで、顧客体験の向上と店舗の効率化が期待されています。

◆BOPIS（Buy Online Pickup In Store）

ネットで注文して店舗でピックアップする仕組みです。コロナ中に米国で主に広がりました。ドライブスルーや店舗内のロッカーで商品を受け取ります。配送料は不要で、必要であれば店舗を見て回ってついで買いもできます。

このようにデジタル化には段階がありますが、近年の取り組みは、単純な電子化に留まりません。オペレーション効率化、高度化からさらに進んで、ビジネスモデルの変革にチャレンジするなど、さらなる高みを目指す取り組みが広がっています。

ＤＸを推進してゆくことで、より社会的なインパクトすら与えられる可能性もあります。２０２２年11月、東京豊島区でオープンしたグリーンローソンはその一例でしょう。様々な社会課題の解決に取り組むことを謳う店舗ですが、その中の一つにアバター接客システムを導入して、遠隔操作で場所や時間、「さまざまな障がい」という制約のない働き方を目指しています。これはあくまでもチャレンジのひとつですが、ＤＸで社会的包摂を実現する、あらたな流通や社会の在り方を模索するものでもあります。

ALL ABOUT THE RETAIL BUSINESS

2

現場を知り、ＩＴを知る企業の強み

ＤＸに取り組む企業が増えてくる中で、ノウハウを手の内化する企業の取り組みが注目を集めるようになりました。

ここではＩＴ化を早くから標榜してきたホームセンターのカインズと、創業時からテクノロジーでビジネスを構想してきた食品ディスカウンターのトライアルＨＤがどんな取り組みをしてきたのか、簡単に触れてみようと思います。

カインズは２０１９年を「第3創業期」と位置づけ、「ＩＴ小売企業」への転換を宣言しました。同社は「世界を、日常から変える。」というビジョンを軸に、デジタル戦略を推進しています。目指すのは、デジタルとリアルをシームレスにつないだ新たな購買体験の提供です。現在の取り組みとしては、ＢＯＰＩＳの一種ですが、オンライン注文商品の店舗ロッカー受け取りサービス「CAINZ PickUp ロッカー」の導入をはじめ、様々なＤＸ革新に取り組んでいます。

デジタル戦略を推進する体制の特徴としては、内製化によって圧倒的なスピード感を追求することが挙げられます。カインズの本社自体は埼玉県の本庄早稲田にあるのですが、デジタル拠点としては２０２０年に東京・青山の表参道に「ＣＡＩＮＺ　ＩＮＮＯＶＡＴＩＯＮ　ＨＵＢ」を設立し、デジタル戦略本部と新設されたカインズテクノロジーズが稼働するＤＸの中枢となっています。また、カインズ本体とは異なる採用体制を整備し、ＩＴのあらゆるジャンルの経験者を採用しています。そこで、カインズはアジャイル開発を重視し、新たなデジタル施策を早くて2週間、長くても2カ月程度でリリースする体制を整えています。

トライアルホールディングス（以下、トライアル）は、「テクノロジーと、人の経験知で、世界のリアルコマースを変える。」というビジョンを掲げ、リテールＡＩ技術を活用した流通業界の変革を目指しています。このビジョンは２０１９年頃から明確に打ち出されており、同社の経営戦略の中核を成しています。同社では流通業界のムダ・ムラ・ムリが40兆円あると試算しており、これをなくすことは業界全体の効率化に資するものであり、ビジネスチャンスでもあります。

国内、海外、中国に数百名規模のエンジニアを抱え、リテールＡＩテクノロジーの開発・導入を行っています。またＮＴＴやＮＥＣなどの大手ＩＴベンダーとの協業も積極的に進めており、デジタルツインコンピューティングによるサプライチェーンマネジメントの最適化や顔認証技術の活用など、先進的な取り組みを展開しています。さらには「エコシステム」「オープンイノベーション」の考え方を重視しています。福岡県宮若市に市民・行政・民間事業者が協働して開設する国内初のリテールＡＩ開発拠点「リモートワークタウンムスブ宮若」を２０２１年から開設、運営し、各社と横連携を深めています。

とくにＡＩ搭載のスマートショッピングカート「Skip Cart」の導入について、興味深い点があります。同社の上場時の目論見書によると、Skip Cartの導入効果として、来店頻度が６・３％上昇し、１時間当たりの買い上げ点数、レジ通過率も従来と比較して大幅に向上しました。ですが、利用者の57％は、ＩＴに親和性が必ずしも高くない50代以上だったことです。スマートカートを開発するスタートアップや企業自体は世界でもほかにあります。しかし、現場で運用にまで成功している企業は少ないのが現状です。特に高齢者が多い日本の地方でのテクノロジー導入には、現場を知る企業のノウハウが必須です。テクノロジーを導入した旗艦店でもメカメカした雰囲気はしないそうです。お客にとってスムーズな買い物とはどんなものか？　現場を知り、テクノロジーを手の内化しているゆえに、他社で難しかったスマートカートで成果をあげることができたのでしょう。

ALL ABOUT THE RETAIL BUSINESS

3 オンオフ融合、店舗型小売の戦い方

スマートフォンの普及に見るように個人のデジタル化が進むと、リアルな店舗に来る前からネットで検索して、比較して、何を買うか！　決めていたり、疑問を解消するためにリアルに足を運んだりしています。つまり、消費者行動はすでにオンライン化していると言えるでしょう。リアルでより豊かな購買体験を提供するためには、オンライン化した顧客とつながりにいかなければいけません。

店舗をメインとする小売企業にとって、来店時だけでなくオンラインで消費者に店舗やブランドをよく理解してもらうことは大事です。そして反対に、小売企業も消費者の理解を深め、その人にあったサービス、提案をする必要があります。これを顧客エンゲージメントと言います。より概念的に表現すると、オンオフ融合で、よりパーソナライズ化された購買体験の提供を目指す、ＯＭＯ（Online mergers with Offline）や、ユニファイド・コ

マースと表現されます。

前段が長くなりましたが、このアプローチには、店舗をメインとする小売企業が個別の消費者とつながろうとするケースと、さらにプラットフォーマーや異業種が領域横断的につながろうとするケースがあります。まずここでは、とくに日本を念頭に置きながら小売企業のアプローチを考えてみましょう。

リアル店舗を主軸とする小売企業にとって、顧客とデジタルに、オンラインでつながる基本的な手法は、自社アプリの展開と自社Ｐａｙです。食品スーパーなどで幅広く取り組まれています。マーケティングの一連の流れとしては、消費者にアプリを契機に情報に触れてもらって動機付けし、そこでクーポンを入手して、来店時にそのアプリを開いてもらい、自社Ｐａｙで決済してもらう、という導線が描けます。

現状、ドラッグストアをはじめとして、店舗とオンラインストアをシームレスに連携させるため、在庫確認がウェブでできたり、購入履歴に基づいたレコメンドをしたり、購買を促す情報発信に努める企業は数多くあります。ただこれからは、アプリを入り口として、ＡＩやＡＲなどの先端技術を活用し、より魅力的で個別化されたサービスを提供することで、顧客エンゲージメントを高めていくことが重要になるでしょう。

これは非常に地味な話題に思いがちです。しかし、顧客エンゲージメントを考える上で自社アプリはなかなかに無視できません。マーケティング会社Ｒｅｐｒｏが２０２４年４月に発表した調査では、一般小売店舗アプリを週に１回以上利用する人の割合は42・8％、月１回以上だと36・３％で、もはや８割の消費者がアプリを利用しています。ポイントをためたり、クーポンを受け取ったりするのが目的の80％です。一方、その企業やブランドの情報を積極的に仕入れるようになったと感じる人も約２割存在するのです。

　では自社Ｐａｙは何のために活用されているのでしょうか？　これはチャージ支払いで買い物時の利便性を提供するためのもので、基本的にこの仕組みは儲けるためではありません。あえて言うと、利便性の提供と、コスト削減、そして囲い込み効果です。

　この決済の裏側は、金融機関や金融ソリューション会社の決済の仕組みを利用するホワイトラベルと呼ばれる仕組みで、ブランドを書き換えて決済の仕組みを提供できます。クレジットカードの加盟店手数料率を例にとると、公正取引委員会の調査ではおおむね２・５％になります。小売業（売上高10億円以上の大企業）の平均営業利益率を法人企業統計でみると４～６％なので、それだけコスト削減の効果は大きいのです。ただ、消費者目線では、自分のお金をその会社にチャージ（＝お金を囲い込まれる）ことには抵抗もあります。そこで、さまざまな顧客エンゲージメント獲得に努めて日常から選ばれる企業に進化する必要があります。

ALL ABOUT THE RETAIL BUSINESS

4

〝スーパーアプリ〟はどうなった？

プラットフォーマーや決済事業者などによるオンオフ融合の取り組みが盛んです。移動や決済など、生活のシーン全てを包含する「スーパーアプリ」を目指す動きが盛んでした。とはいえ、近年あまり聞かれなくなった気もします。せっかくなので、少し整理しておきましょう。

スーパーアプリとは、1つのアプリ内で複数の機能やサービスを提供する統合型アプリケーションのことです。メッセージング、決済、ショッピング、配車サービスなど、日常生活のさまざまなニーズを1つのアプリで満たすことができます。この概念は、ユーザーの利便性を高めるとともに、企業にとっては顧客データの統合や新たな収益源の創出といったメリットをもたらすものです。

この成長の暁に目指す姿としてベンチマークされていたのは、中国のＷｅＣｈａｔやインドネシアのＧｏＪｅｋのようなアプリです。プレーヤーもその国で２つ程度しかない寡占状態で、１日の生活で何をするにもとりあえずアプリを開かなければ始まらないような、圧倒的な存在感を持つものです。オンラインビジネスは「勝者総取り」と言われますが、まさにそれです。

では、日本での現状はどうでしょうか？　通信、決済事業者がスーパーアプリ化を目指して事業展開し、それぞれしのぎを削っている状態です。

楽天は、Ｅコマース事業を基盤に、銀行、モバイルネットワークなどを統合したエコシステムを構築しています。決算説明資料によると、２０２４年12月末で月間アクティブユーザー数は４４１０万人で、楽天ポイントを軸にさまざまなサービスを連携させることで、ユーザーの囲い込みを図っています。

ＫＤＤＩ「au PAY」は、電子マネー決済、投資、保険、公共料金支払いなど、金融サービスを中心にスーパーアプリ化を進めています。2025年2月の当社プレスリリースでは約3700万人のユーザー基盤を持ち、異業種企業との協業を推進しています。

PayPayは、キャッシュレス決済サービスとして登場。QRコード決済では国内最大シェアを誇り、ECや投資サービスなどの拡大を進めています。2024年8月の会社発表では、登録ユーザー数は約6、500万人に達し、日本国内での日常的な決済手段として普及しています。

このように日本では、決済に合わせてポイントを付与し、独自の経済圏を形成する戦略がしばしば有効です。また、携帯利用者のような既存の強固な顧客基盤を活かしたサービスのクロスセルなど、日本市場ならではのアプローチが取られています。

まだまだスーパーアプリは進化するでしょう。ただそれは、中国や東南アジアで発展したモデルとは異なる独自の進化、「日本型スーパーアプリ」なのかもしれません。

JR東日本は2024年6月の中長期成長戦略の中で、「さまざまな生活シーンにつながるSuicaアプリ（仮称）」構想を発表し、ANAも2021年3月に「マイルで生活できる世界」構想を発表しています。このような交流人口の創出に強みのある事業者や、特定のローカル地域に強みを持つ企業がポイントを提供して経済圏を作り、地域特化型のスーパーアプリを展開する可能性もあるでしょう。

店舗型小売業にとっても、一意のＩＤ－ＰＯＳデータは顧客エンゲージメントの源泉です。軽々にプラットフォーマーに取得させるわけにはいきません。自社アプリによるマーケティングが奏功しうる状況では、簡単に力関係の転換は起きにくいものです。ただ、足元でも商社、通信、小売の座組が資本面でつながった例もあり、大きな動きがあるかもしれません。

各社がしのぎを削る中、消費者にとっては、緩やかな囲い込みもされ便益を享受しつつ、利便性を選びとってゆく。そんな日本型スーパーアプリとの付き合い方ができるのかもしれません。

ALL ABOUT THE RETAIL BUSINESS

5 リテールメディアは新たな収益源か

２０１８年頃からじわじわ語られ始め、２０２２年頃から小売業界では爆発的なトレンドになりました。それが、この「リテールメディア」なるものです。ＣＡＲＴＡ ＨＯＬＤＩＮＧＳの調査によると、日本のリテールメディア広告市場は２０２３年に３６２５億円に達し、２０２７年には約２・６倍の９３３２億円まで拡大すると予測されています。

そもそもリテールメディアとは、小売企業が保有する購買データなどの顧客データを活用した広告配信の仕組みです。従来の広告とは異なり、実際の購買行動から得たデータを基にマーケティングを行うため、より効果的なプロモーションやターゲティングが可能となるとされています。

小売企業にとっては、自社の販売チャネル、つまり店頭の棚やレジ上のサイネージ、アプリのスペースをマーケティングプラットフォームとして活用し、メーカーなどの広告主に対して広告スペースを提供します。これにより、小売企業は新たな収益源を確保し、広告主は効率的な広告配信を実現できます。

例えば、先ほどスマートショッピングカートについて触れましたが、それこそ広告になじみやすいかもしれません。小売企業は購買履歴などを取得しており、個々の消費者の嗜好性を知っています。そして、棚の前で買うかどうしようか迷っている姿をＡＩで認識できたら、購買を促す最後の一押しの広告動画やクーポンを配信するのです。

リテールメディアが注目を集める一つに、従来型広告の効果が低下していることがあります。他方、小売企業サイドでもＤＸの取り組みによって、一部の企業では顧客データの蓄積が進みました。そしてこのスマートカートの例のように、棚の前で購買意思決定する最後の瞬間に立ち会う、小売業ならではの強みとデータ分析とが掛け合わされることによって、新たな価値提供が期待されるようになったのです。

日本では、大手コンビニチェーンのセブン‐イレブン・ジャパン（当時）が２０２２年9月にリテールメディア専門部署を設置するなど、様々な小売企業が参入を始めています。ファミリーマートも顧客データ基盤を活用して広告メディア事業を展開し、レジ上のサイネージを活用したり、アプリで広告配信をしています。店舗に来店する前はアプリ中心にオンラインで、店舗ではサイネージなどで、そして来店後までを一気通貫して生活導線を抑え、効果的な広告配信で購買を促そうというのです。

さらに、陣営化も進んでいます。すでに国内でも5つほどの提携がありますが、その中でも規模が大きいのが、伊藤忠商事、ファミリーマート、データワンと、ドン・キホーテを運営するパン・パシフィック・インターナショナルHDとが2023年4月に発表したリテールメディアの協業です。広告ID（顧客IDと似た考え方）の数は両社合計で延べ4千万IDに達し、幅広い商品取扱数の購買情報と紐付けられています。ほかにもマーケティングのunerryと食品商社の三菱食品がリテールメディアネットワークを共同推進するなど、動きが活発化しています。

では、今後リテールメディアはどのような帰趨《きすう》をたどるのでしょうか。

重要な点は、リテールメディアが小売企業にとって顧客エンゲージメントを深めるツールになるか？　のはずです。営業外収益確保のため、野放図に店内で広告をばらまくと店舗ブランドを毀損してしまいます。あくまでも、リテールメディアは店舗ならではの価値をより強くし、消費者目線でより価値の高い買い物をしたと思ってもらえること。顧客とのエンゲージメントをさらに深め、顧客に気づきを与えて新たな体験価値を提供できること。この好循環を導く手段になることが、目指す姿ではないでしょうか。

ALL ABOUT THE RETAIL BUSINESS

6 ― 生成ＡＩの現在地、そして今後

近年、リテールメディアと並んで注目されているのが、生成ＡＩです。２０２５年１月、世界のトレンドを先取りするＮＲＦ２０２５（全米小売業大会）で、小売業の課題をデータドリブンで実現する手段として注目されました。

米国の調査ですが、ＮＶＩＤＩＡ社が２０２５年１月に発刊した小売業における生成ＡＩ活用レポートによると、全米で調査対象の89％の小売企業がすでに何らかの生成ＡＩを導入しています。そのうち4社のうち3社が収益向上、コスト削減に効果があったと回答しています。ＮＲＦ２０２５でも、米国小売業界の生成ＡＩ導入は、実証実験の時期を超えた"AI Ready"（実装し、結果を出す時期に入った）と評価されたようです。

主に活用が進んでいるのはマーケティングなどのコンテンツ生成（ＮＶＩＤＩＡ調べ60％）や、需要などの予測分析（同41％）。ついで、顧客体験の向上で、パーソナライズされた商品レコメンデーション（同42％）、顧客分析やセグメンテーション（同41％）、デジタルでの購買アシスタント、アドバイザー（同40％）と続きます。

小売業界でのＡＩ導入について、Nvidiaが２０２５年１月に発表した小売業界向け「ＡＩブループリント」や、２０２４年10月にウォルマートが発表した２０２５年「ＡＩトレンドアウトルック」では注目すべきＡＩ活用の論点がいくつも示されています。

とりわけ興味深いのは、ウォルマートが、ChatGPTなどすでにある生成ＡＩではなく「小売業界に特化したＡＩ基盤モデルが必要」という考えから、自社固有の大規模言語モデル「ワラビー（Wallaby）」を作ったことでしょう。業界固有の知見だけでなく、社内用語、創業者の言葉など数十年分のデータを読み込ませました。これを使うことで、パーソナライズされた顧客体験の向上や、業務効率の向上を目指します。具体的には、ショッピングアシスタントＡＩがウォルマートの価値観に沿って自然な対話を顧客と行うことで、オンラインで24時間、熟練した店員のような接客ができます。また、10万ＳＫＵに及ぶ商品の需要予測を４７００店舗で解析し、需要予測を行っています。

米国以外でも、ＡＩ活用でビジネスモデルを磨き上げた企業に、中国のＳＨＥＩＮがあります。

ファストファッションを超えた、超ファストファッションやリアルタイムファッションなどとも表現されますが、その速さの秘密が、徐々に知られるようになってきました。それは、デザインにＡＩアシストをフル活用していることだといわれています。商品企画からパターン作成、修正、発注書の作成までＡＩを用い、デザイナーの生産性を高めました。通常はそれぞれの工程で数週間かかるところ、3日にまで短縮したのです。またネット上の検索や購買行動をリアルタイムで緻密に分析し、精度の高い需要予測を行います。広州という中国有数のアパレルの産地に創業した地の利を生かし、1商品100着という小ロットを5日納品という高速回転を実現しました。

そのほか、日本でも業界課題の解決に向けて、実装段階に入り始めた取り組みもあります。一般社団法人リテールＡＩ研究会は、業界共通で商品マスタの全自動化を目指す「Ｊ－ＭＯＲＡ」プロジェクトを推進していました。従来は、フォーマットや登録、連絡手段もばらばらで重複していたメーカー、卸、小売での商品登録を統一化、一元化するプロジェクトです。これが、2023年10月から、これを実証実験から実装に入るとプレスリリースを発表しました。業界全体でサプライチェーンのムダ・ムリ・ムラをなくす取り組みとして期待されます。

生成ＡＩの活用はまだまだ広がってゆくでしょう。またさらに進んだ、一定の管理下で、自らの意思で自律的に業務を進めるエージェンティックＡＩも登場しています。いずれにせよ、個別業務の磨き上げに止まらず、バリューチェーン全体や他社との連携まで視野に入れることで、革新的なビジネスモデルや、業界全体の課題解決のきっかけとなるに違いありません。

ALL ABOUT THE RETAIL BUSINESS COLUMN

ドローン宅配はいかに実現するか

ラストマイルをＤＸ化する技術として、完全自動運転車や自律走行ロボットと並んで期待されているのが、ドローン宅配です。日本の規制も２０２２年12月に「レベル４飛行」まで規制緩和され、「有人エリア」で「目視外」でも、「自律飛行」が許されるようになりました。

このドローン配送ですが、実用化が進められているのは日本でも海外でも、地方都市や、高齢者など買い物アクセスに課題のある方がいる地域です。特に日本では、２０２３年３月には国土交通省からも「ドローンを活用した荷物等配送に関するガイドライン」がVer4.0まで改訂され、主に過疎地域等を念頭に高齢者の多いエリアの生活インフラ維持を目的とされています。そこでイメージされているのは、過疎地のうち、より山間部や離島での利用で、実証実験もそうしたエリアが選定されています。

先行する海外では、日本のような山間部、離島より、もうすこし地方都市で実用化が進んでいます。2022年、AmazonがAmazon Prime Airをサービスインしました。テキサス州カレッジステーションとカリフォルニア州ロックフォードという、人口12万人と14万人の地方都市です。特にAmazonは、米国で「2030年までに年間5億個の荷物をドローンで配送する」目標があるとフォーブス誌で報じられました。小売大手Walmartは少し先行して、2020年頃から事業をスタートしています。現在はアルファベット傘下のWingなどと提携して、30分以内配送を実現しています。2023年8月には、1万件配送を記念して巨大なオレオをドローンから地上の牛乳壺に落として正確さをアピールするYouTube動画が話題になりました。

自動車移動が中心の米国では、高齢夫婦の世帯で車の運転が厳しくなると、孤立して買い物弱者になってしまいます。実際、スマホ慣れした高齢者の方からのドローン宅配注文もあるようです。翻って、こうした課題は日本でも同様です。山がちで、庭の少ない日本ではまだ実用化に課題がありますが、社会課題の解決に向けた有効な手段となるはずです。

第9章

最新テクノロジーから学ぶ未来の小売世界

Chapter 9 :
Learning from Technology Trends: The Future of Retail Business

ALL ABOUT THE RETAIL BUSINESS

1 テクノロジーがもたらす変革とは？

リテールテック、DXなど小売に変革をもたらすテクノロジーは数多く現れています。ただ、技術は数多くありますが、結局それらは手段にすぎません。消費者がそもそも買い物に求めているものは何か？　それをうまく捉えて理想を実現するテクノロジーだけが、小売業の現場をはじめとして社会に実装され、消費者の買い物に求める理想をかなえてゆくはずです。

それでは、そのトレンドとはどういったものでしょうか？　ある仮説をお示ししたいと思います。そもそも消費者にとって「望ましい買い物のスタイル」とは何でしょうか？

消費者にとっては、面倒だがやらざるを得ない「作業としての買い物」という側面と、選ぶことが楽しかったり、買い物を通じて自己実現したりする「楽しみとしての買い物」という2つの側面があるでしょう。消費者にとっての購買スタイルをイメージした時に、この面倒な作業としての買い物に費やす時間は限りなく減ってゆき、楽しさといった体験価値を求める時間が増えてゆくはずです。

作業としての買い物は、限りなく自動化されてゆくかも知れません。多くの場合、食料品や日用雑貨品などの、購買頻度が高く、代替の利きやすい最寄り品の買い物が当てはまるかも知れません。日々習慣的に繰り返されるものだけに、テクノロジーで自動化してゆくのでしょう。

一方で、買い物する上で、情報収集して、悩んで、実物を見て……と購買のプロセスも含めて主体的に関与するような買い物があります。また、そこに行けば、アクセスすれば、想像を超えたものに出会える！　といったものもあるでしょう。そうした、〝購買体験〟そのものを楽しみとして提供できれば、どんな商品を扱う場合であれ、消費者から求められる買い物の形になるはずです。

ただこれを実現するためには、個々の人がどんなニーズを持っているのか、小売事業者は把握している必要があります。それもこれまでのマスでのニーズの理解から、さらに進んで究極の個人単位での「顧客理解」を前提とするものです。そして、その人が望む買い物場所やチャネルといった顧客接点や、商品・サービス、商品受取、決済の仕方のそれぞれの機能が提供されるように再編成されることになるでしょう。

元来、小売業の機能とは、生産者と消費者との間にある社会的・場所的・時間的隔たりを、商流、物流、金流、情報流によってつなぐものでした。これを機能別に整理すると、需要創造（顧客理解とチャネル・売り方）、集荷機能（サプライチェーン）、運送機能（空間的移動）、保管機能（時間的移動）、決済機能（支払い・価値の交換）が代表的な機能です。こうした機能軸に沿って、「望ましい買い物のスタイル」を実現するために最適なテクノロジーが、社会や様々な産業に受容されてゆくでしょう。

ただ、留意しないといけないことがあります。それは、こうした消費者の願いをかなえるのは、現在ある、いわゆる小売業だけではないだろうということです。2000年代以降すでに、スマートフォンによる購買プロセスのデジタル化が進みました。それによって、消費者はオンラインとオフラインとを回遊しながら、思いついたときにネットで買い物をし、自宅や近隣で受け取り、決済も電子マネーなど自分に最適な方法を選ぶようになりました。ECプラットフォーマーや、通信や鉄道会社、物流会社など、小売が持つべき、あるいは持つべきだった機能を担うプレーヤーが現れるかもしれません。さらにはそうやって進化するテクノロジーが、社会に受容してゆくにつれ、小売が持つ様々な機能のありようも変容し、誰がそれを担うのか？　プレーヤーも再編されてゆくのでしょう。それが小売の革新であり、未来の小売の形です。

ALL ABOUT THE RETAIL BUSINESS

2 「チャネル」の変化、空間の隔たりを解消する

チャネルとは、身近なところではリアル店舗やオンラインでのECやアプリですが、より抽象的に表現すると「顧客接点」となります。消費者にとっては、商品・サービスやその情報に触れ、購入の意思決定にかかる情報収集や意思決定を示すことができるリアル・非リアルな場です。事業者にとっては、購買意思決定にかかわる情報提供などによって消費者をサポートし、体験価値を提供する大切な場所です。

実はすでに多くの人が使っているスマートフォンですが、スマホが革新したことは、思いついたときに買い物ができる、購買想起時点を購買時点にしたことでした。いわば、お店を掌の上に乗せてしまい、店舗へのアクセスという空間の隔たりを消滅させたのです。

さてそれがどう進化するのでしょう。将来、購買チャネルとの空間的な隔たりを完全に消す可能性があるものとして思いつくのは、AIコンシェルジュではないでしょうか。例

えば、宅内家電は、Amazonのアレクサが登場した時に話題になりました。ＡＩが使われない段階では、個々人が明確にニーズを意識している状態でないと、一問一答形式のやりとりを前提とすると買い物につながりません。しかし、これから対話型のＡＩが進化することで、もやっとしたニーズや感情を読み取って、楽しみや出会いを提供してくれる、本当の意味でのコンシェルジュが登場するかもしれません。そしておそらくそれは、現在のスピーカー型ではなく、生活に溶け込むような新たな形で生活をサポートしてくれるものになるでしょう。わざわざ店舗に足を運ぶ、またわざわざスマートフォンを開いて画面をスクロールさせながらあれこれ悩んで消耗する必要はありません。このようなコンシェルジュの登場によって、ＩＴリテラシーに課題のある高齢者にとっても、包摂的な小売チャネルが登場するのではないでしょうか。目下、進化が劇的に進んでいる生成ＡＩやいわゆるBeyond 5Gと呼ばれる6Ｇ通信によって、高速大容量化や低遅延が実現することが注目されます。ちなみにそうなると、そうした技術とビジネスモデルの競争を主導するのは、もしかすると小売業ではないかもしれません、テック企業と協業する、あるいはグループ企業としての店舗型、あるいはオンライン小売という形態になるのかもしれません。

さらに長期的な観点からは、楽しさの提供を実現するために、身体感覚を拡張しリアルとバーチャルをさらに融合するテクノロジーの進化には注目してよいのではないでしょうか。

数年前からXR技術と表現されていますが、ER（Extended Realities・拡張現実）、VR（Virtual Reality・仮想現実）、AR（Augumented Reality・拡張現実）といったものです。これらは主に視覚に訴えかけてバーチャルな世界に入ってゆくものです。そこに、遠隔で触覚を再現するテクノロジーであるテレセンスや嗅覚を再現するシステムの研究開発が進んでいます。現在はまだ、特殊なゴーグルや高額な設備が必要なシステムですが、さらにユーザビリティの改善が進めば、リアルとバーチャルとの融合が図られることになるでしょう。

現在、メタバース空間に百貨店やアパレル企業が出店するなど実験が続いていますが、身体感覚を拡張させるテクノロジーによって、さらにリアルとバーチャルとの垣根はなくなるのかもしれません。そこでは、もはや物理的な身体を伴った自分とはまた違う自分として存在し、新たな自己実現を目指すこともできるのです。これは小売業にとっては、リアルに留まらない新しい生き方や体験を提案する場となるのではないでしょうか。

ALL ABOUT THE RETAIL BUSINESS

3

「モノ」の変化、作り手と使い手との隔たりを解消する

モノとは、要するに「商品・サービス」のことです。これまでは、企業がマスでニーズを把握して、工場で作って生産して小売業で販売していました。これから新しいテクノロジーによる変革を考える上でのポイントは、まず消費者ニーズと作り手との間にあるあらゆる隔たりをどうやって解消し、究極にパーソナライズ化するか？　でしょう。

まず、マスではなく、多様かつ細分化したニーズを実現するものとして、プラットフォーム型のビジネスモデルによるクリエイターエコノミーが注目されます。

クリエイターエコノミーは、個人や小規模な資本家がプラットフォームを利用してコンテンツや商品を制作・販売し、収益を得る新しい経済モデルです。YouTubeやInstagramなどで動画コンテンツが発信され、急速に拡大しています。これはモノづくりの担い手にとっても有効な手段で、プラットフォーム上で作り手と使い手との密な関係性を作り上げ、

双発的なモノづくりが可能になります。

米国ではウォルマートが2023年にWalmart Creatorでコンテンツクリエイター向けのプラットフォームに取り組み始めたほか、日本でもZOZOが自社アプリ内のインフルエンサーが企画した商品を、「Made by ZOZO」という生産支援プラットフォームによって具現化して販売しています。従来の消費者と作り手が一方向の関係ではなく、自らクリエイターとして経済圏に参加できるようになりました。ビジネスモデルの進化が実現に寄与した出来事ですが、よりニッチなコンテンツと消費者とのマッチングが、消費者の「楽しみを増大」させて進化するでしょう。

また、人の生活の気分や健康状態など、ある瞬間瞬間の微細な変化に合わせて、モノの品質や性能を究極的にパーソナライズ化することは目指せないでしょうか。ニーズと作り手との間にある隔たりを解消させる上で、AI、IoTやセンシング技術、遺伝子分析などは注目されます。

実はいくつかの分野ですでにチャレンジは存在します。健康状態や気分によって肌の状態がかわるのを察知して、洗面台の前に立つとその瞬間の自分に合ったスキンケアが調合される。そんな究極のパーソナライズ化粧品に、資生堂は過去に取り組んだことがあります。当時、スマートフォンや自動調合キットを組み合わせた仕組みでしたが、課題も多く、サービスとしてはいったん終了しています。しかし、センシング技術や調合デバイスが進化すれば、再度ビジネス化の機会が訪れるかもしれません。また海外の食品スタートアップでは、ＡＩやＤＮＡ分析などの技術を活用し、ユーザーの食事制限、健康状態、ライフスタイルの選択、遺伝情報を分析して、カスタマイズされた食事プランを作成し、さらに拡張現実を使用してレストランでのメニュー選択をサポートする企業もあります。それぞれまだまだ実験段階で、遠い将来かもしれませんが実現する日が来るかもしれません。こうして、自分に合ったものを探す「作業」から解放し「楽しさ」に転換するのです。

最後に、所有から利用へ、つまりモノからサービスへという流れはさらに進化するはずです。これは、商品・サービスが持っている本源的な価値を取り出して、利用権として取引する手法です。自動車なら、「移動すること」が本源的価値ですし、宝飾品は「ハレの時に整うこと」が本源的な価値でしょう。小売には価値交換機能がありますが、現在はシェアリングやサブスクリプションで、耐久財を扱える程度にとどまります。しかし、これからは、消費者が「何に価値を見出し、いくら納得して払ってくれるのか？」を深い顧客の理解によって把握し、あらゆる財で対価を払ってもらえるよう事業者がパーソナライズして提供する力が必要になるでしょう。

ALL ABOUT THE RETAIL BUSINESS

4 「モノの流れ」の変化、時間と空間の隔たりを解消する

モノの流れには2つあります。ひとつは、商品が作り手から消費者の手元に移動し、提供する空間的な流れ。そしてもうひとつは在庫、つまりモノの時間的移動です。この空間と時間との両方の隔たりがどのように解消されるのでしょうか。

まず空間的な隔たりをなくすテクノロジーの第一は、モビリティの革新でしょう。やはり大きな注目テクノロジーは、完全自動運転の社会実装です。

自動運転式の移動店舗や店舗に自動運転車で赴くのが当たり前になるでしょう。これが実現する過程で、店舗の立地では差別化できなくなり、プラットフォーマーと小売業との間に、何らかの力関係が発生する可能性があります。

自動運転の時代になると、車はプラットフォーマーの下でシェア化すると考えられています。そして自動運転車はCASE化する（コネクテッド・情報化、知能化、サービス化、

電動化）といわれています。単なる移動手段ではなく、データ分析に基づいて移動の目的を生み出したり、移動の楽しみを促したりすることで、「移動自体をサービス化」（ＭａＳ：サービスとしての移動）します。さてそうなると、移動手段を押さえているのはプラットフォーマーです。小売店舗やその他のサービス事業者は、彼らから顧客の移動データを購入、分析してキャンペーンをしたり、自動運転型店舗を展開させてもらったりするかもしれません。

また目下、幹線輸送はレベル２（ドライバーが監視した状態。特定条件下での自動運転）で２０２４年12月には新東名高速道路での実験が開始しました。政府は２０２７年以降には、レベル４（特定条件下における完全自動運転で、非常時でもシステムが運転を継続できるので運転手は対応が不要）での社会実装を見据えています。レベル５の無条件での完全自動運転はまだ先ですが、実現すると配送費の究極の「ゼロコスト化」に近づきます。実際にはエネルギーコストや減価償却費が必要ですが、配送コストの大きな部分を占めるドライバーの人件費が不要になることで、配送コストは大きく低減するはずです。

そして究極的に時間と空間を解消するテクノロジーは、やはり３Ｄプリンティング技術です。

物流は、モノが存在するからこそ発生します。しかし、モノそれ自体をデジタル化してしまえば、空間的移動も在庫としての時間的移動すらも消し去ってしまい、卸売業や物流業だけでなくメーカーもいらなくなります。そうすると、小売業者が原料や部品を仕入れるだけで流通インフラは成り立ちます。都市部でも、郊外や地方でも、適地生産が実現します。あるいは、３Ｄプリンターを家庭で保有してしまうようになると、原料流通だけが存在する世界になり、もはやインフラ業としての小売はまったく違う形になるでしょう。

もっとも、３Ｄプリンティング技術は確かに製造プロセスを変革する可能性を秘めていますが、完全にサプライチェーンを代替するには至っていません。特に食品分野では、一部のスイーツや菓子類で実用化が進んでおり、実際、２０２０年にロシアのケンタッキー・フライド・チキンで3Ｄプリント・ナゲットが発売されたり、オランダの企業がチョコレートやワッフルを作ったりしています。しかし広範囲の食品をカバーするにはまだ時間がかかると思われます。日用品分野でも応用が始まっていますが、まだ初期段階です。どうやら現時点の3Ｄプリンティング技術は、製造プロセスの変革やパーソナライズ製品の製造にとどまるようです。しかし遠い未来、これは3Ｄプリンティングに限らないかもしれませんが、時間と空間を消す技術の革新が生まれれば、それは流通を大きく変革するテクノロジーとして社会実装されてゆくことでしょう。

ALL ABOUT THE RETAIL BUSINESS

5

「決済」に起こる変化、支払い・価値交換が変わる

小売の機能として交換機能がありますが、「モノ・サービスを」、「お金などの何らかの価値と」、「交換」するというプロセスから成り立っています。ではここでいったい何が起きるのでしょうか？　支払い対象であるモノがサービス化する、という観点ではモノの変化で触れましたので、ほかの側面では何が起きるか考えたいと思います。

「交換する」場面については、レジに商品を通して支払って、という手間を省略すれば買い物は楽になりそうです。リアル店舗で構想されるのは、このウォークスルー決済です。これには生体認証、顔認証技術を使ったり、ＡＩ技術が活用されたりします。

ただこの完全なるレジレス店舗については、最先端テクノロジーがリアルの現場でどうやって受け入れられるのか？　その最適解を模索しながら進んでいる状況のように思えます。古くは顔認証と個人の決済情報を紐づけ、ゲートをくぐれば決済が済む「顔パス」や、

Amazonが完全ウォークスルー決済型店舗のAmazon GOをスタートさせたのも2016年です。実はそれぞれ技術は10年近くなり、今も実験は続きますが、当時騒がれたほど定着していません。一方で、昨今定着が進んでいるのは、日本ではトライアルHDのレジカートです。同様に、米国Amazonの実店舗Amazon Freshで導入されているのも、来店客が自分でひと手間かけて商品をバーコードスキャンするDash Cartです。どうやら人間は楽をするにも程度があって、「よくわからないままお金を払うことになっている」というのは肌感覚として受け入れ難いのかもしれません。先端テクノロジーでできることや事業者の理屈でやりたいことはたくさんあるでしょう。しかし、消費者が本当に求めているサービスは何か？　それは現場との対話の中にしか答えはなさそうです。

また、モノやサービスと交換する「価値」そのものも変わるかもしれません。

現在は、現金や電子マネーを価値として商品・サービスと交換しています。これがおそらく、その人の「生活全体を分析・評価してはじき出した信用スコア」で決済するように置き換わるのではないでしょうか。現在も、収入や支払い能力を判断材料にした仕組みは存在します。日本では信用情報機関のシー・アイ・シー、米国の「FICO（ファイコ）」、英国のエクスペリアン社の信用スコアがよく知られています。しかし、そこから信用力を付与する仕組みは、暮らしぶりや性格、働きぶりをデータ化し、生活を包括的に取り込んで進化してゆくでしょう。これも実は世界ではすでに事例があります。中国ではアリババ集団系の「芝麻（ジーマー）信用」のように、決済からあらゆる生活の場面に浸透したプラットフォーマーが信用スコアを算出しています。興味深いのは、収入だけでなく、「人脈関係（交友関係や相手の身分、相手の信用状況）」「行為偏好（消費の特徴や行動パターン）」をも把握して判断していることです。このアルゴリズムは不明ですが、一説には「プロフィールで嘘をつかない」「人間関係が豊富である」「家族に配慮を示す」といった人間的な部分まで信用力に反映されるといいます。この場合、活用されているクラウドや機械学習といったテクノロジーはさることながら、ビジネスモデル（＝スーパーアプリ）のなせる業でしょう。ただ、日本ではまだ生活全体を包含するようなプレーヤーは存在しません。それに、法規制やプライバシーの抵抗感もかなり起こるはずです。しかし、徐々に消費者の生活のあらゆるシーンに浸透し、データを集め、顧客理解を深めてゆく日本型の戦い方を進める事業者が現れるかもしれません。では最後に、この顧客理解を深める、デジタル化する消費者環境について触れましょう。

ALL ABOUT THE RETAIL BUSINESS

6

すべてがつながる！デジタル化する消費者環境

最後に「顧客理解」について触れましょう。これこそが、この章で述べてきたすべての変革の基礎であり出発点になるはずです。なぜならば、消費者が購買を意思決定するプロセスや要因を分析し、どうしたら満足度の高い購買体験が提供できるのか？　的確にアプローチすることを目的とするものだからです。

歴史を振り返ると、エリアや世代のように消費者を集団として「マス」で理解してきた時代がまずありました。次に、消費者個人としてワントゥワン・マーケティングへ、そしてより個人へ寄り添って、個人のＩＤや生活シーンに紐付いた生活全般の理解へと粒度を細分化しながら進化しています。すると次の進化では、生活者としての個人を精緻に捉えるべく進化してゆくように思えます。

２０００年代以降、スマートフォンが普及し、オンライン上での人間の行動はすでにデジタルでかなり把握されています。オンラインとリアルとの融合が叫ばれ始めたのもこの頃でした。しかし、さらに個人の深い理解を得るためには、デジタル化されていない日々の行動も、いかにデジタル化して取り込んでゆくのかが課題になります。

長期的に、テクノロジーの目線ではセンシング技術が安価かつ精密化することが注目されるでしょう。今はアプリを経由したり、自力で入力したりしている食事や運動、気分や居場所を定量化して記録できるようになるでしょう。こうしたセルフトラッキングが生活全般を記録するライフログとなり、個々人のみならずそれを提供するサービス事業者にとって顧客理解を深める手段となると同時に、課題解決の手段となるはずです。事業者は、消費者が必要とする商品・サービスやその提供タイミングなどを究極的にパーソナライズ化でき、購買体験を向上させることができます。

さて、顧客理解を革新させるために、テクノロジーのほかにもビジネスモデルもカギになりそうです。中国ではアリババやテンセントがスーパーアプリ化し、生活全般のデータを取り込んで経済圏を構築しました。日本では規制をはじめとして中国とはかなり事情が異なります。またアリババ自身、当初掲げたようなオンオフ融合による「新小売」を成功させているとは言い難い状況のようです。こうした前提や事情の違いはありますが、エコシステムの構築やデジタルで提供できる顧客価値、データを活用したビジネスや仕組みの提供によるマネタイズの方向性は、長い目線で目指す先としては参考になるのではないでしょうか？

日本では、Paypayのように決済やオンラインから一点突破してゆくアプローチがあります。利便性の高いＥＣなどのサービスをコア事業として、そこに経済圏を回遊させる仕掛けとして決済とポイントインセンティブを強化し、利用者たる消費者を大量に獲得します。次に他社をそのエコシステムの中にどんどん取り込んでゆき、強固にしてゆこうとするアプローチです。これは中国のアリババに似ています。ただ、日本型を考えるとどうでしょうか。オンオフ関係なく、相応にサービスが出来上がった企業同士が協調してエコシステムを作ろうとする可能性を追求しているように思えます。典型的には、ＫＤＤＩと三菱商事、そしてローソンによる提携があるでしょう。それぞれ通信やリアル接点など強みを補完しあう関係です。また、暮らしのコアとなる移動・モビリティのデータだけでなく、決済手段である電子マネーを圧倒的に首都圏で押さえているＪＲ東日本がSuica経済圏の構築を目指すのは、自然な流れかもしれません。顧客接点をすでにたくさん持っている企業が、どんなデジタル経済圏を構想しているか？　また既存の小売事業者にとっては彼らとどうかかわるのかが論点になるでしょう。

ALL ABOUT THE RETAIL BUSINESS COLUMN

2050年の小売が目指すものとは?

2050年というと遥か先のように思えますが、小売の目指す姿はどんなものでしょうか。おそらく、2つの方向性があるのでしょう。ひとつは、全国に安定して物資を届けるインフラとして流通を守ること。代表的には、食品や日用品の供給です。こちらは徹底した効率化を追求する世界です。そしてもうひとつは、楽しみや驚きといった経験価値を求めてゆく世界です。これは効率でははかれない、全く別のアプローチによるものです。

徹底した効率化を目指すのは、日本にとって急務ですが難題です。人口減少と高齢化、特に地方は高齢者が取り残された世界になるリスクがあります。そうすると、やるべきことは必然的に決まってきます。ドローン配送や配送に特化した倉庫型店舗を配備したり、移動販売を行ったりすることです。この担い手は、資本集約的な企業、つまり投資余力のある大企業小売業でしょう。しかし、人口減少という需要減を見越しながらテクノロジーの投資をするには、もう時間切れの地域もあるでしょう。技術自体の進化によってコスト削減が図られるのを、必ずしも待てません。コンパクトシティなど、さらにドラスティックな行政的な政策も含めて地域を守ることになるでしょう。

もう一方の、楽しみや驚きといった経験価値の提供は、アーティスティックな世界が繰り広げられるでしょう。このヒントは、「セレンディピティ（＝偶然の出会い）」だと思います。本章では、データに基づく顧客理解の可能性について触れましたが、偶然は演出できません。そもそも企業側がそれとわかって顧客に提供できるものではありません。それはおそらく、顧客と企業とが相互作用で共に作り上げてゆくものなのでしょう。ここは経験価値に対してお金が発生しそうで、オンオフ融合や、メタバースなど先端テクノロジーも有効かもしれません。いずれにせよ、こうした流れの中で具体的な姿を模索してゆくのではないでしょうか。

おわりに
小売の細部に神が宿る!?

銀行でアナリストをしていた昔。とある九州の経営者の方から、静かにお叱りをいただきました。

「中川さん、貴方は東京の方ですよね？　東京の感覚だと、日本の小売は理解できませんよ。帰りに福岡タワーから日本の姿を見てみてください」

当時、私は日本各地で経営層の方々を相手に、ＥＣやテクノロジーがもたらす流通業のゲームチェンジについて仮説をぶつけていました。しかし、その方からは仮説以前にそもそも論者としての資質を疑われたのです。

この出来事はショックでした。しかし、大きな学びがありました。

産業動向を論じる上で、海外動向や統計の検討・分析は当然必要です。しかし、その裏側にある人間と社会の動きに思いを寄せ、小売という産業を、「人間の営み（＝消費）と、それを支える構造（＝流通）」から有機的に理解せよ。そう指摘されたのだと理解しています。

米国には詠み人しらずの諺、“Retail is Detail.”（小売の細部に神が宿る）があります。こうした業種柄か、経験談が声高に語られがちです。しかしマクロとミクロとはつながっています。データや歴史の裏側にある、地方・郊外や都市、若年層や高齢者など多様な人間が生活する姿を見出してシナリオを語っているか？　深い理解や未来洞察があるか？　本書を執筆する上で、これらの問いと共に、改めて知識・経験を棚卸し、アップデートに臨みました。本書が、皆様が関心を深めるきっかけになれたようでしたら幸いです。

こうした執筆の機会をいただいた、クロスメディア・パブリッシング社の皆様に感謝申し上げます。また、共著者として推薦してくださったアナリストの先輩であり先生である中井彰人さん、本当にありがとうございました。そして、本書のためにヒアリングに応じてくださった皆様、冒頭でご紹介した私にお叱りをくださった経営者の方にもこの場をお借りして感謝申し上げます。

最後に、現職の皆さんはじめ、これまでにお世話になったすべての皆様。特に、暮らしと人生に気づきを与えてくれる妻には感謝しかありません。ありがとうございました。

中川朗

［著者略歴］
中井彰人（なかい・あきひと）

㈱nakaja lab 代表取締役／中小企業診断士
早稲田大学法学部卒業。みずほ銀行産業調査部退職後、2016年独立。流通アナリストとして活動中。Yahoo!ニュース公式コメンテーターを務めつつ、新聞社、テレビ局、出版社などマスコミ各社に寄稿、知見提供、出演多数。東洋経済オンライン、プレジデントオンライン、ダイヤモンドDCS、新潮フォーサイト、ITmedia等にて月刊連載中。東洋経済オンラインアワード2023（ニューウェーブ賞）受賞。著書として『図解即戦力　小売業界のしくみとビジネスがこれ1冊でしっかりわかる教科書』（技術評論社　2021）がある。

中川朗（なかがわ・あきら）

デロイトトーマツ ファイナンシャルアドバイザリー合同会社
DTFA Institute主任研究員
大阪大学大学院文学研究科文化表現論修了。シンクタンク、金融機関などで産業調査・国内消費の分析業務に従事。みずほ銀行産業調査部では小売・消費財産業のアナリストとしてサブセクターヘッドを担う。北海道から沖縄、海外は韓国・香港まで幅広く、大手流通や専門店、卸、EC、テック企業を調査。消費の構造変化と企業戦略について産業調査レポート・記事を執筆。2025年5月設立されるデロイトトーマツ戦略研究所に参画予定。

小売《こうり》ビジネス

2025年5月1日　　初版発行

著　者　　中井彰人／中川朗

発行者　　小早川幸一郎

発　行　　株式会社クロスメディア・パブリッシング
〒151-0051 東京都渋谷区千駄ヶ谷4-20-3 東栄神宮外苑ビル
https://www.cm-publishing.co.jp
◎本の内容に関するお問い合わせ先：TEL（03）5413-3140／FAX（03）5413-3141

発　売　　株式会社インプレス
〒101-0051 東京都千代田区神田神保町一丁目105番地
◎乱丁本・落丁本などのお問い合わせ先：FAX（03）6837-5023
service@impress.co.jp
※古書店で購入されたものについてはお取り替えできません

印刷・製本　　中央精版印刷株式会社

　ISBN987-4-295-41087-4　C2034